美国国家图书馆珍藏名传

古代史 10

尼禄
Nero

[美] 雅各布·阿伯特 著
王伟芳 译

中国出版集团有限公司
华文出版社

图书在版编目(CIP)数据

尼禄 / (美) 雅各布·阿伯特著; 王伟芳译.
-- 北京:华文出版社,2023.11
(美国国家图书馆珍藏名传)
ISBN 978-7-5075-5739-8

Ⅰ.①尼… Ⅱ.①雅…②王… Ⅲ.①尼禄(Nero Claudius Caesar Augustus Germanicus 37-68)—传记
Ⅳ.①K835.467=2

中国国家版本馆CIP数据核字(2023)第004391号

尼 禄

| 作　　者：[美]雅各布·阿伯特
| 译　　者：王伟芳
| 责任编辑：方昊飞
| 出版发行：华文出版社
| 地　　址：北京市西城区广外大街305号8区2号楼
| 邮政编码：100055
| 网　　址：http://www.hwcbs.cn
| 电　　话：总编室 010-58336239　发行部 010-58336202
| 编辑部 010-58336265
| 印　　刷：三河市航远印刷有限公司
| 开　　本：787mm×1092mm　1/32
| 印　　张：8.25
| 字　　数：105千字
| 版　　次：2023年11月第1版
| 印　　次：2023年11月第1次印刷
| 标准书号：ISBN 978-7-5075-5739-8
| 定　　价：29.80元

版权所有 侵权必究

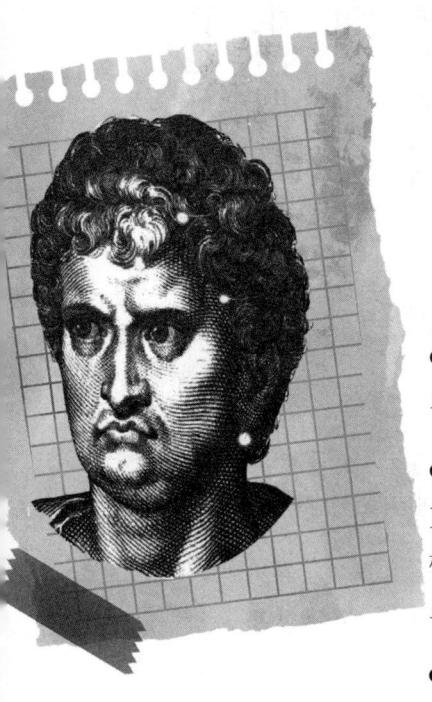

尼 禄

- 古罗马帝国的皇帝,也是罗马乃至欧洲历史上著名的暴君。

- 公元54年,罗马帝国的皇帝克劳狄乌斯驾崩,在母亲小阿格里皮娜的谋划下,尼禄成为皇帝。

- 在位时期,尼禄行事残暴,杀害自己的母亲及几任妻子,处死诸多元老院元老;同时,亦奢侈荒淫,沉湎于艺术、建筑等事。

- 然而,尼禄在位期间也并未完全荒废政务,对内推行了诸多利民政策;对外成功化解帕提亚与亚美尼亚危机,有一定的政绩。

中文名: 尼 禄
外文名: Nero
生卒年: 37年—68年
所在国: 罗马帝国
职 业: 皇帝
在位时间: 54年—68年

在尼禄生活的时代，世界上发生了哪些大事？

世界历史

14年，罗马帝国的开国君主奥古斯都，即盖乌斯·屋大维辞世。奥古斯都（公元前29年—公元14年在位）统治罗马长达四十余年，在位期间对行政制度、行省及税收体制等进行改革。

43年，罗马征服不列颠，建立布列塔尼亚（不列颠）行省。

54年—68年，罗马帝国皇帝尼禄在位。

64年，罗马城发生大火，皇帝尼禄乘机迫害基督徒。

68年，尼禄自杀身亡。

中国历史

25年，汉光武帝刘秀（25年—57年在位）称帝，建立东汉（公元25年—220年），又称后汉。

东汉前期，《九章算术》成书。

54年，东汉史学家班彪（3年—54年）卒，班彪写成《后传》六十余篇，斟酌前史，纠正得失，为后世所重。

57年，倭奴国（今日本）使者到洛阳，两国开展友好往来交流活动。

69年—70年，东汉时期著名水利专家王景主持治理黄河，此后黄河安流达六百年之久。

73年，班超（班彪之子，32年—102年）出使西域，陆续收服了西域五十多个国家，为西域的回归做出巨大的贡献。

80年，历史学家班固（班彪之子，32年—92年）编撰成《汉书》，是中国第一部纪传体断代史史书。

译者序

《尼禄》一书以罗马帝国第一个少年皇帝短暂的一生为主线,生动地再现了罗马帝国早期的历史。他是一个懵懂少年,却掌握着帝国的命运,参与了血淋淋的宫斗。面对残酷的现实,尼禄变成了"嗜血皇帝"。他草菅人命,视杀人如儿戏。他派人杀死自己的生母,赐死自己的老师。然而,人们总是会无限放大一个历史人物身上的恶,却很少去深究"恶从何来"。尼禄三岁那年,他的生父——一个恶贯满盈、臭名昭著的家伙——死了;他的生母遭到流放。如果他的生母没有被召回,如果他的生母没有嫁给新皇帝,如果他的生母没有权欲熏心，尼禄也许会成为一位流芳百世的伟大艺术家。遗憾的是，这些"如果"都只是我们的美好愿望而已。

王伟芳

于西北师范大学

目 录

001　第1章　尼禄的母亲（37年）

017　第2章　暗杀卡利古拉（40年至41年）

035　第3章　克劳狄乌斯即位（41年至47年）

053　第4章　梅萨利纳的命运（48年）

075　第5章　尼禄的童年时光（39年至53年）

091　第6章　皇帝尼禄（54年）

111	第7章 **布里坦尼库斯**（54年至55年）	
131	第8章 **阿格里皮娜的命运**（55年至60年）	
159	第9章 **极度堕落**（62年至64年）	
175	第10章 **皮索的阴谋**（65年）	
195	第11章 **同谋者的命运**（65年）	
215	第12章 **希腊之行**（65年）	
237	第13章 **尼禄之死**（66年）	

第 1 章　*CHAPTER I*

尼禄的母亲（37年）

Nero's Mother (*A.D. 37*)

在古代，罗马帝国进入鼎盛时期后，那些名门望族，除了在城里有住宅，和现在大城市里的有钱人一样，他们通常还拥有乡村别墅。他们在这里消暑度夏。这些别墅建在离罗马城不远又风景优美的地方，有的在内陆，有的在海滨。在罗马城周边，像这样的度假胜地不胜枚举，其中就包括安提厄姆。

安提厄姆位于台伯河以南大约三十英里①的海边，一个巨大的海角伸向海中，站在斜坡上极目远眺，旖旎的风光尽收眼底。从安提厄姆海角沿海岸线一直往北，可以望到台伯河口，而南边，景色止于与台伯河口距离不远的瑟西海角。瑟西海角是罗马城以南的意大利海岸上的第二大海角，也叫"岬角"。从安提厄姆向内陆眺望，展现在眼前的是广袤美丽的大平原，与它接壤的是一直延伸到海岸边的、树木葱茏的小山丘，远处是连绵起伏、莽莽苍苍的山脉。

---

① 1英里≈1609.34米。——译者注

在海角南边，有一个小小的港湾。自古以来，附近海域的船舶习惯将货物运到这里，或在这里躲避暴风雨。事实上，论及历史之悠久，安提厄姆或许比罗马城还古老。

安提厄姆风景优美，有利于健康，成了罗马人消夏的好去处。随着时间的推移，罗马城变得更富有后，罗马人的生活也变得更奢靡。贵族们就在安提厄姆修建别墅，有的把地点选在海角上能够俯瞰大海的平坦的空地上；有的选在陆地上；有的选在山谷中凉爽、偏僻的隐蔽处。尼禄就出生在这样的一座别墅里。

在罗马贵族中，尼禄父亲的家族属于名门世家，尽管他们的姓氏——布瑞赞贝尔德听起来有点儿古怪。说得具体一点儿，就是"阿赫诺巴尔伯斯"，这是"布瑞赞贝尔德"在拉丁文中对应的词。现在，当我们用英语谈到尼禄的父亲时，是应该用他真实的拉丁名字，还是翻译过来的英语对应词，也就是说，是该叫他"阿赫诺巴尔伯斯"，还是"布瑞赞贝尔德"，真的很难决定。前者似乎和罗马辉煌的历史更和谐一致,而后者,尽管不那么优美,但或许能让我们更清楚地了解它在罗马社会中表达的含义和重要性。当然了,尽管这一家族通过赋予它一个神奇的起源而让它变得更威严,但这一姓氏本身并不动听。据说,古时,有一位先知出现在该家族的一个祖先面前。在预告未来某一时间将会发生特定的不同寻常的事件后,先知用手捋了捋这位祖先的胡须,并把它变成了青铜色,以此证明这条预言百分之百可信。这位祖先也因此得到了"布瑞赞贝尔德"(意为"青铜色的胡须")这个姓氏。从那以后,他的子孙后代一直沿用它。

尽管在尼禄出生时,布瑞赞贝尔德家族和其他显赫的罗马家族一样,极尽奢靡浪费,腐化堕落,但依然是一个名门望族。尼禄的父亲是个恶贯满盈的男人,被控犯了非常严重的罪行,后来一直在忏悔、担惊受怕中艰难度日。据说,当信使前来向他道喜,说他的孩子,也就是本书的主人公尼禄,已经降生时,他竟然大发脾气,轻蔑地说不管他和阿格里皮娜生出个什么玩意儿,都只会给罗马带来毁灭。他的妻子阿格里皮娜，也就是尼禄的母亲，跟丈夫一样作恶多端。

阿格里皮娜在罗马帝国的社会地位甚至比她丈夫还要高。她是皇帝的妹妹，这位皇帝，也就是她哥哥，叫卡利古拉，他是罗马帝国的第三任君主。恺撒的继任者屋大维，是罗马帝国的第一任君主。不过，"君主"这个词，那时的意义和现在有着天壤之别。现在，它是指至高无上的统治者，正式地行使整个国家和政府的大权；而在古罗马时期，它只行使军事指挥权。imperator一词，即"罗马皇帝"，意为指挥官，仅仅是指罗马军队的主帅。

在罗马早期，人们采取非常严格的规章制度及任何可能的预防措施，来保证军队绝对服从行政长官和法律。除了像禁卫军这样的小队伍，其他军队不允许接近罗马城。凯旋的大将军，必须先在离城门还有一段距离的地方安营扎寨，在那里等待罗马元老院的命令。理论上来讲，政权掌握在元老院手中。虽然古代的元老院与现在的参议院在英语中共用一词，但两者的意义完全不同。参议院是由一群被正式任命的立法委员组成的责权明确、组织严密的政府机构；而元老院的成员则是一群数量众多的世袭贵族，他们的权力既来自古老的惯例，也来自劳苦大众对地位稳固的，特别是代代相传的贵族阶层那种说不清道不明的敬畏和仰慕。元老院会定期集会，有时集会比较正式有序，有时则比较喧闹混乱。然而，无论是依例行使，还是有违常规，他们的权力都是至高无上的。他们颁布法令，制定法律，分派行省官吏，议和、宣战。军队及指挥官是被他们利用的工具，对他们唯命是从。

罗马军队兵多将广，当没有真正意义上的作战任务时，就驻扎在固定的军营里。这些军营被修建在帝国中任何被认为有必要驻军的地区。这些庞大的军队就是著名的罗马军团。罗马军团之所以闻名于世，是因为它们拥有严明的纪律、有序的组织、迅速的反应及将士们一往无前的勇气和不屈不挠的精神。事实上，每一个军团构成了一个独立自主的社区，它的营地就是它的城市，它的将军就是它的君主。当然了，在战时，军团因作战任务的

罗马军团的营地

要求而转战南北；但在和平时期，它会按照严格的程序驻扎在宽广、固定的营地里。营地的设计整齐划一，周围用城墙和堑壕加以保护。在营地内部，帐篷整齐排列；在帐篷和帐篷之间，有宽阔的街道；在营地的中心位置，在一个开阔的广场前，是军团的最高指挥官和其他将领们那装饰得富丽堂皇的大帐。这些大帐，就像城市中的大厦一样，高于其他帐篷。罗马军团的营地，事实上就是一个地域宽广、人口众多的城市，只不过城市的住宅是帐篷，而不是坚固耐用的石头房子和木头房子。

就这样，罗马军团在元老院认为全国适合驻军的各地安营扎寨。有的在叙利亚和东方，有的在意大利，有的在莱茵河岸边……正是通过如此部署的庞大的军队，罗马人才能将整个欧洲纳入自己的版图。军队绝对服从指挥官的命令，因为士兵从指挥官那里得到充足的食品和衣物，通常过着衣食无忧、舒适安逸的生活。基于此，他们愿意服从命令，转战南北，奋勇杀敌。在战时，在被攻克的地方，指挥官通过征收贡品、洗劫城市为他们谋求衣食。总的来说，这些军队很愿意维持占领区的社会秩序，维护法律尊严，因为没有法律和秩序，人们的生产就不能继续。他们当然很清楚，如果一个国家停止了生产，贡品自然很快就交不出来了。

通过阅读历史，事实上我们发现，尽管在对古代军队打了胜仗的描述中，充满了暴力、掠夺和犯罪的可怕细节，但我们不能就此推断，这些大军给当地带来的影响完全是有害的。在罗马时期，对分散在欧洲和亚洲的广大地区的各色族群，只有通过非常强硬的手段，才能使其遵守一定的社会秩序。罗马元老院建立的军团驻扎在罗马帝国广袤的国土上，这股强大的军事力量恰恰成了这样的手段。然而，在大多数时间里，军团起的作用都是静态的。也就是说，只要它威风凛凛地出现，人们心中就会充满敬畏，它管辖的国家和部落就能相安无事。人们都会感到很安全，因为罗马军队就在附近。因此，罗马军队起到了震慑作用。驻守在此的军团，像飘浮在地平线上的一团乌云，但当地人心知肚明，这团看似无声无息、安静闲适的乌云，却潜藏着随时可能在他们头顶炸响的惊雷。因此，在平常的行动中，军团的影响是积极的。但当它的行动过于残忍暴戾时，偶尔会引发骚乱。

然而，不幸的是，后世的人们为了颂扬现行的体制，对罗马军团给当地带来的好处闭口不谈，却把它的暴力和罪行当作素材编成有趣又刺激的故事。它带来的好处或许贯穿了一段很长的安定时期；它带来的危害短暂并伴随着一系列急剧发生的事件，这些数不胜数的小事件带来的危害各不相同。史学家习惯了对它的好处轻描淡写、一笔带过，而不遗余力、浓墨重彩地详尽描述它的危害。因此，尽管古代雄霸天下的军事统帅们虽然暴虐严酷，但本质上并没有历史中描述的那样暴虐严酷。他们因镇压骚乱和暴力行为而产生的普遍的积极影响，至少从某种程度上来讲补偿了他们犯下的罪行。

几个世纪以来，罗马军团对元老院的当权者们唯命是从，但随着自己日渐强大，罗马军团越来越意识到自己是多么有力量。每一位凯旋并名扬四海的指挥官，都增强了军队在军政关系中的影响力和重要性。与庞培和其他国内外对手漫长又可怕的战争中，恺撒极大地增强了军队的实力，巩固了军队的地位。每当他率领胜利之师回到罗马城时，他都会让元老院惶恐不已。恺撒的继任者屋大维，史上一般称为"奥古斯都"，完成了其养父，也就是恺撒刚刚起步的事业，即让军队掌管国家政权。他虽然名义上服从元老院，实际上却拥有至高无上的权力。事实上，元老院依旧定期集会发挥它通常的功能；执政官和其他地方官员依然被选出并被授予象征着最高权力的证章；国家事务的管理形式和方法还在继续沿用，其中规定了军队必须绝对服从于政权。然而，政府真正的当权者受到了威慑和压制，傲慢的罗马皇帝，即最高军事首脑，对元老院发号施令、颐指气使。

指挥官要有旷世奇才，才能让军队有如此显赫的权势，不过，一旦登上高位，要维持权势则不再需要任何能力或高尚的品质。事实上，阅读史书的人常常会发现，当某种形式的政权一旦确立，人们对其个别代表人物的蠢行的忍耐真的令人吃惊。无论当权者是朝代更替的国王、世袭的贵族,还是军事世家出身的将军,都无关紧要,重要的是他的能力出色,而一旦登上高位,一些当权者的蠢行和罪行似乎不足以耗尽人们对已经确立的政权的服从精神——这种服从精神是如此的普遍、如此的耐心、如此的持久,超越了利益和理智的界限,以至看上去就像是造物主根植在人类灵魂深处的盲目的本能。它是人类作为群居动物天性中的一个必要的组成部分。事实上,没有这样的本能,那些地域广阔的社区似乎也不可能被建成并维持;没有这样的本能,即便人类能够生存下去,也绝对不可能充分发挥人类的才能。

理论上无论如何,实际上可以肯定的是,古罗马的军事力量之所以如此强大以至凌驾于政府之上,是因为那些能力非凡的人。马略和苏拉、庞培和恺撒、安东尼和奥古斯都通过行动,证明他们具有远见卓识、旺盛的精力和强大的灵魂。人们可能会谴责他们的恶习和罪行,也会由衷地钦佩他们的凌云壮志，欣赏他们宏伟壮丽的、周密详尽的、卓有成效的行动计划。整个已知的世界是他们博弈的战场，他们建立的、训练的并最终成功受中央集权控制的军队，形成了有史以来最威武雄壮、气贯长虹的军事力量。军队不仅声势浩大，而且持久稳定、自谋生路。一套全面复杂又行之有效的体制被用来管理军队。这支军队纪律严明，组织健全。士兵们接受同样的训练。和平时期，他们安静地待在国内城市般的营地里；战时则行军、露营或打仗。这样的体制，只能由有着强大的人格魅力和精神力量的人逐渐建立并形成。体制一旦形成，军队不久就能自谋生路。不仅如此，它还能通过自己固有的能力，扶植最无能的人作为其名义上的统治者。

比如，尼禄出生时在位的君主、阿格里皮娜的哥哥卡利古拉，就是一个完全不适合行使任何最高权力的人。他就是在军队的扶持下，才得以坐上皇帝的宝座的。因为他是皇位继承人中最有名望的那一个，所以自然是军队最愿意扶植为首领的人选。因此，他被严密地保护起来。然而，虽然机遇将他抬举到如此高位，他的生活却充斥着不断的蠢行、恶习和犯罪。他通常住在罗马城，在那里花费由他支配的巨额财政收入，铺张浪费，肆意挥霍。在他统治初期，他的很多奢靡浪费的行为是为了让人民生活得更好，但过了一段时间，他的所作所为只是为了满足个人私欲。后来，他恶毒的本性暴露无遗，恣意妄为地残害生灵。最后，他似乎对整个人类充满仇恨，无论何时，一有机会，他就以戏弄人、折磨人为乐。

那时，人们习惯于在巨大的圆形露天剧场观看表演。骄阳如火时，人们会给顶上搭建篷布。当露天剧场挤满观众，赤日炎炎时，卡利古拉就会命人将篷布撤走，将大门关上，以防止人们出去，然后观看这么多人挤在狭小的空间里，忍受烈日的暴晒，表现出不适与痛苦的场景。他以此为消遣。他养了许多野兽，用来在圆形露天剧场里打斗。当没有新鲜的牛羊肉时，他便命人将罪犯和战俘扔进兽穴来喂养野兽。一旦有人冒犯他，他会命人用烧红的烙铁在他们脸上烫上烙印。这样一来，他们不仅当时会遭受残忍的折磨，日后也会面目全非，样子非常吓人，遭受精神上的痛苦。有时，当贵族或身份尊贵的人的儿子惹恼了他，或者由于他本人反复无常、心狠手辣，对他们怀恨在心时，他就会命人公开处决他们，并要求他们的父母到场观看。有一次，处决完一个他怀恨在心的人之后，他要求受害者的父亲来到皇宫与他共进晚餐。晚餐桌上，他一直轻松愉快、幽默诙谐地与这位客人交谈，故意无视这位父亲心中的悲痛，对其进行精神上的折磨。还有一次，他命令一位受人尊敬的元老到现场看自己的儿子遭受极刑。这位元老说自己会遵照皇帝的命令到达现场，但谦恭地请求在行刑的那一瞬间闭上眼睛，以免因看到儿子临死前的挣扎而伤心难过。皇帝立刻做出批复，宣判这位元老死刑，理由是他竟敢提出如此胆大妄为的请求。

当然了，尼禄的母亲阿格里皮娜与这样一位君主的亲属关系，虽然能让她在罗马帝国享有很高的社会地位，却并不能给她带来丝毫的快乐。事实上，伴君如伴虎，所有和卡利古拉有关系的人无不整日提心吊胆，因为他荒唐残忍的行为总是反复无常，让人捉摸不定，任何可能被他注意到的人都会有无休无止的危险。阿格里皮娜本人有一次就惹得她哥哥很不高兴。幸好，她逃过了一劫。卡利古拉发现，也有可能是假装发现了一场反对他的阴谋，他控告阿格里皮娜和他另一个妹妹丽维拉参与了这场阴谋。卡利古拉派一名士兵去主犯家里，砍下了他的脑袋，然后将他的两个妹妹从罗马城流放到庞提亚岛。当她们离开时，他警告她们小心点儿，他给她们准备了刀剑和荒岛以备她们随时"享用"。

最终，卡利古拉被暗杀，他残酷的暴政也因此突然结束。阿格里皮娜则因为这件事，不仅被释放，地位变得比以前更显赫。

第 2 章　*CHAPTER II*

暗杀卡利古拉（40年至41年）

The Assassination of Caligula (A.D. 40—41)

卡利古拉皇帝的死亡过程如下：

他荒唐、残忍的暴行，常常会唤醒遭受暴行的人们内心深处的仇恨及报仇的渴望，但他的权力至高无上，人们敢怒不敢言。不过，官逼民反，由卡利古拉的残暴激起的民怨的火苗，越是受到压制，燃烧得越旺。人们不断进行密谋，策划暗杀行动，来反对他的暴政。

在计划暗杀行动的人中，有一个叫卡西乌斯·卡瑞亚的军官，尽管军衔不高，地位却很尊贵。他是一名上尉，或者按照当时的称呼，叫百夫长。他的部队虽然人数不多，却隶属于禁卫军。那时的禁卫军，相当于皇帝的私人卫队，是一支很光荣的军队。正因为他在禁卫军中任职，他的地位才如此尊贵，作为禁卫军的百夫长，他有很多机会与皇帝接触。他也非常勇敢，所以在军中备受尊敬。几年前在日耳曼的一次英勇行为，让他赫赫有名。

在第一任皇帝奥古斯都去世时，一些日耳曼军团包括卡西乌斯·卡瑞亚服役的军团趁机哗变。这些军团的士兵列举了许多严重的压迫行为作为他们反叛的理由，要求对他们遭受的痛苦进行赔偿，并保证他们未来的安全。叛乱刚刚爆发，他们在狂怒中采取的重要措施之一就是抓住军营里的所有百夫长，并计划把他们打个半死。士兵们按自己的编号逐一殴打百夫长们。每个百夫长都吃了六十多个拳头，一个个鼻青脸肿、伤痕累累、奄奄一息，有的被丢到军营外面，有的被扔进了莱茵河里。就这样，他们殴打所有百夫长报仇雪恨，但有一名百夫长逃脱了，他就是卡西乌斯·卡瑞亚。卡西乌斯·卡瑞亚不会让自己落入这些叛军手中。他拿起武器左冲右突、闪展腾挪，最终杀出了一条血路，逃离了军营。这一壮举让他名声大噪。

　　根据这一描述，有人可能会想，在体形和力量方面，卡西乌斯·卡瑞亚一定比别人有更大的优势，因为似乎只有超乎寻常的体力和顽强无畏的勇气，才能让一个人孤身涉险、以一当十。然而，事实并非如此。卡西乌斯·卡瑞亚身材矮小、体形纤弱，态度谦和、平易近人，心地善良、温文尔雅。因此，他不仅因勇气而备受尊敬与钦佩，还因和善的性情而广受爱戴。

然而,拥有如此高洁的品质并不能让他在皇帝面前受宠。事实上,有一件事情恰恰说明,高尚只会给他带来厄运。有一段时期,卡利古拉让禁卫军的百夫长们出去收税。通常来说,在这种情况下,他们都会残酷暴虐地敲诈勒索,但卡西乌斯·卡瑞亚并没有这样做,而是对老百姓心怀怜悯与同情,严格按照法律公平地收税。这样做的后果,必然是他收的钱比别人的少,这让皇帝心生不悦。然而,这件事并不足以让皇帝大发雷霆,所以皇帝并没有重罚冒犯他的卡西乌斯·卡瑞亚,而是试图通过各种方式,无礼地羞辱卡西乌斯·卡瑞亚,戏弄并折磨他,从而消解自己心中的不悦。

有时,在军营里或其他军事驻地,指挥官每天傍晚都要发出所谓的口令或暗号,通常由几个词或短语组成,用于军官之间的联络,有时也会因为某种原因,要求所有士兵夜里在营区范围内来回传递。所有哨兵都有口令,因此,无论何时任何人接近哨位都会被要求止步,并说出口令。如果这个陌生人口令正确，就意味着一切正常，他可以继续前行，因为敌人和间谍是无从得知这个口令的。

现在，无论什么时候只要轮到卡西乌斯·卡瑞亚传递口令，皇帝就会给他一些滑稽可笑的或粗鄙下流的词，这么做不仅让他纯洁的心灵受到玷污，当他用这些口令与其他将士进行联络时，也让他在下级军官和士兵面前丢丑。有时，这些作为口令的词完全说不出口；有时，是某个声名狼藉、伤风败俗的女人的名字。然而，不管这些口令是什么，作为一名以服从命令为天职的军官，卡西乌斯·卡瑞亚被迫在所有队伍里传递它们。每次传口令，他都要默默地忍受粗鄙的士兵们的坏笑和嘲弄。

每当要对他人施以可怕的刑罚，或者要做出任何残忍的行为时，卡利古拉就会很高兴地让卡西乌斯·卡瑞亚来执行这些任务，因为他知道卡西乌斯·卡瑞亚对这些事情有多么深恶痛绝。有一次，一位受人尊敬的叫普罗佩提乌斯的元老，被他的一名政敌指控谋反。据那个原告说，普罗佩提乌斯之所以犯下谋反大罪，是因为他曾恶语中伤皇帝。普罗佩提乌斯否认自己曾经咒骂过皇帝，原告提米迪乌斯要求传唤女演员昆提莉娅做人证。因此，普罗佩提乌斯被送上了审判席，昆提莉娅也被叫到法官面前做证。她说，提米迪乌斯说普罗佩提乌斯骂过皇帝，这种事她从未听到过。提米迪乌斯随即就说昆提莉娅做伪证，坚称昆提莉娅听到普罗佩提乌斯说过这种话，要求对她严刑逼供。皇帝答应了这一请求，命令卡西乌斯·卡瑞亚对这位女演员用刑。

当然了，由于这类事常跟反对暴君的阴谋联系在一起，因此要想弄清相关的事实真相总是很难，而所有相关人员自然会采取一切可能的预防措施来隐瞒自己做的事情。然而，普罗佩提乌斯或许的确对皇帝心怀不满。昆提莉娅或许也多多少少知道普罗佩提乌斯的一些秘密。甚至有可能，在一些秘密计划中，卡西乌斯·卡瑞亚和他们也有关联，因为据说在收到卡利古拉要他对昆提莉娅用刑的命令时，他非常不安，十分惊慌。如果对昆提莉娅用重刑，他担心这个不幸的受害者最后会因招架不住而供认不讳，这将会给他最信赖的、有望推翻卡利古拉的人们带来毁灭；如果他试图救她，后果只可能是激起卡利古拉对他的怒火，这样一来，自然就保护不了她，更别说救她了。然而，当他焦虑紧张、犹疑不决地走向刑场去对犯人用刑时，昆提莉娅向他发出了一个秘密信号，暗示他不必担心，无论她受到什么样的刑罚，她都会忠于自己的使命，守口如瓶。这稍稍减轻了卡西乌斯·卡瑞亚的担忧。

虽然从某种程度上，这一保证减轻了他的焦虑和担忧，但一想到如此柔弱的一个女子要遭受如此残酷的刑罚，他的心灵还是遭受着非常痛苦的折磨。然而，除了硬着头皮走向刑场，他什么也不能做。到了那里后，他发现可怜的昆提莉娅被绑在架子上，四肢被分别固定在刑具上，她的骨头断了，但直到最后她都强忍痛苦一声不吭。然后，几乎晕死过去的、无助的昆提莉娅被抬到了卡利古拉面前，这下他似乎满意了，命人将受了酷刑的、悲惨的受害者抬走，并宣布将普罗佩提乌斯无罪释放。

这件事过后，卡西乌斯·卡瑞亚变得心神不宁、激动不安——对受害者的同情混合着对所有悲剧制造者的愤恨，使其心中燃起熊熊怒火。事实上，这件事让他如此愤怒，以至事情一结束，他就立刻决定采取措施置卡利古拉于死地。这一决定勇敢无畏、孤注一掷。卡利古拉是世界上最强大的君主，而他——卡西乌斯·卡瑞亚，只是卡利古拉禁卫军中一个小小的百夫长，没有任何政治影响力和能力。不管成功与否，他都没有任何办法保护自己免受这种尝试可能会带来的可怕后果。

然而，他现在已经义无反顾，决心勇敢地面对一切危险，以达到自己的目的。他立刻开始在军官中物色最有可能加入的人选——他们必须勇敢、坚定、忠诚，必须是打心眼儿里反对卡利古拉统治的人，或者是遭受过政府不公正对待的人。他从这些人里选出了几个，谨慎地将自己的计划告诉他们，结果所有人都拍手赞同。有的人拒绝积极地参与，但庄严地承诺不会出卖卡西乌斯·卡瑞亚，请他放心，并祝愿他成功。

同谋者的数量每天都在增加。然而，在讨论会上，就实施计划的过程，他们有了不同的意见。有的人赞同立刻行动，认为令人担忧的最大的危险就是拖延，由于谋反的范围不断扩大，若有人得知内幕后可能会出卖他们；而有的人支持小心缓慢地进行，他们最担心的是鲁莽轻率的行动，在计划还没有完善前就试图行动，只会毁了计划。

卡西乌斯·卡瑞亚支持前一种观点。他迫不及待地想要实施自己的计划。他说自己已经做好了随时行动的准备：作为禁卫军的军官，他有大量机会接近皇帝，他要利用这些机会杀掉这个魔头。他说，皇帝经常去朱庇特神殿供奉祭品，他能轻而易举地在那里杀掉皇帝；或者，如果他们认为那个场合太过公开，他也可以在皇宫里寻找机会——在皇帝惯常举行的特定的宗教仪式上，他通常也在场；或者，他准备从一个塔楼上跳下来行刺，皇帝有时会到塔楼上向下面的平民撒钱。卡西乌斯·卡瑞亚说，在这样的场合，他很容易从身后接近皇帝，突然将其抛出护墙扔到下面的人行道上。然而，对同谋者们来说，所有这些计划把握不大，风险却不小，因此，卡西乌斯·卡瑞亚的提议并没有被通过。

最后，距离卡利古拉离开罗马城前往埃及亚历山大港的日子越来越近了，同谋者们意识到：他们要么开始行动，要么完全放弃计划。在皇帝离开罗马城之前，原定会有一场大型庆祝活动。这场庆祝活动包括游戏、运动、各种激动人心的表演，将持续三天。同谋者们商讨后决定，在这三天之内刺杀卡利古拉。

然而，做出这一决定后，在确定刺杀行动的具体时间时，他们似乎普遍失去了信心。因此，三天的庆祝活动已过去了两天，他们却没有做出任何尝试。最后，在第三天清晨，卡西乌斯·卡瑞亚将主要的同谋者召集到一起，急切地敦促他们不要放过眼前的机会，如此拖延下去只会带来更大的风险。他自己似乎充满勇气和决心，他的演说雄辩有力,他用自己坚定的意志鼓励他们,他们一致同意继续行动。

那一天,皇帝异乎寻常地、早早地来到了剧场,看上去精神抖擞、心情愉悦,对身边的人也很随和,谈吐风趣幽默,态度平易近人。在特定的仪式举行完之后,由他宣布那一天的庆祝活动正式开始。在亲信随从的簇拥下,他向台上走去,卡西乌斯·卡瑞亚和其他在那一天当值的军官们走在他身后不远处。

表演开始了,直到正午,一切都如常进行。谋反者们对自己的计划严格保密,但有一个谋反者,当他在一位尊贵的元老旁边坐下时,问元老是否听说了什么新闻,这位元老说没有。"那我可以告诉你一些或许你还没有听说过的事,"他说道,"今天的表演中,有一场是关于暴君之死的。""嘘——"元老警告道,并引用了一句荷马史诗,意思是"小声点儿,别让希腊人偷听了去"。

在这样的娱乐消遣中,皇帝通常会在正午时休息一会儿,以便用点茶水点心,恢复精神。这时,就轮到卡西乌斯·卡瑞亚在皇帝身边服侍了。皇帝带着他从剧院回到与剧院相邻的一处行宫,他会在那里泡澡,然后用些茶水点心。在估计皇帝该起身去行宫时,卡西乌斯·卡瑞亚心想自己应该先出去,在皇帝去浴室的走廊里等待时机,当皇帝走过来时,自己就可以拦截并刺杀他。然而,皇帝与宠臣和亲友交谈甚欢,所以耽搁了去行宫的时间。最后,皇帝说,反正今天是庆祝活动的最后一天,他就不去泡澡了,要留在剧院,并命人将茶水和点心送了过来,文质彬彬地将其分发给周围的官员品尝。

与此同时,卡西乌斯·卡瑞亚手握宝剑耐心地等在走廊里,只等皇帝一出现就给他致命一击。当然了,跟在皇帝身后的谋反者们,此时却心急如焚,坐立不安。其中一个叫米努西阿努斯的人,决定出去通知卡西乌斯·卡瑞亚,告诉他卡利古拉的计划有变。米努西阿努斯试图站起来,但卡利古拉把手放在他的长袍上说:"坐着别动,朋友,你待会儿和我一起走。"因此,他将不安与焦虑努力地掩饰起来。过了片刻,当皇帝的注意力转移到别处时,他瞅准机会站起来,假装对表演不感兴趣,漫不经心地走出了剧院。

米努西阿努斯发现卡西乌斯·卡瑞亚埋伏在走廊里,立刻告诉他皇帝决定不出来了。卡西乌斯·卡瑞亚和米努西阿努斯都感到不知所措,跟着米努西阿努斯一起溜出剧院的其他同谋者也凑了过来。接下来,他们开了一个简短的热烈认真的讨论会。犹豫片刻后,卡西乌斯·卡瑞亚宣布:他们现在必须冒险将计划进行到底。他表示自己已经做好了准备,如果他的同伴们支持他,就回到剧院,当着暴君亲友们的面把暴君刺死在座位上。米努西阿努斯和其他人一致同意这个计划,并决定立即执行。

不过,在具体实施过程中,剧院发生了一件小事,出现了新情况,又使计划受阻。因为当米努西阿努斯和其他几名同谋者与卡西乌斯·卡瑞亚在走廊里商量时,留在剧院里的同谋者知道卡西乌斯·卡瑞亚还等着卡利古拉出去,就想办法试图劝卡利古拉离开，以便带他进入早已设置好的陷阱。因此，他们聚集到皇帝身边建议他像往常那样去泡澡，不过，幸好他们并没有暴露他们急切盼望卡利古拉离开的心情，否则肯定会露出破绽。最后，卡利古拉似乎听从了这些劝说，从座位上站了起来。随行人员陪侍在侧，随着他走向通往皇宫的大门。谋反者们走在他前面，假装给他开路，实际上是设法把他们认为最有可能向皇帝伸出援手的人隔开。卡西乌斯·卡瑞亚和其他几名同谋者的商讨会因这群人的到来而中断。

当时与皇帝同行的人中，有皇帝的叔叔克劳狄乌斯和其他一些尊贵的亲属。在这些亲友的陪伴下，卡利古拉沿着过道走过来，丝毫不曾想到厄运正等待着他。然而，他并没有立刻走向浴室，而是转身走进了旁边一条通往另一座行宫的走廊，那里聚集着一群少男少女——他们是刚刚从亚洲送来给皇帝在舞台上表演歌舞的。皇帝兴致勃勃地看着这些小演员，似乎急切地想让他们立刻上台，能让他欣赏他们的表演。就在这时，卡西乌斯·卡瑞亚和其他同谋者走了过来。他们决定现在就动手。

卡西乌斯·卡瑞亚来到皇帝身边,像往常那样问他当晚的口令,皇帝随口说了一个他常选的词语侮辱卡西乌斯·卡瑞亚。但这一次,卡西乌斯·卡瑞亚不再像往常那样逆来顺受,而是怒发冲冠,疾言厉色。说时迟,那时快,他拔出宝剑刺伤了卡利古拉的脖子。卡利古拉顺势倒在地上,整个行宫里回响着他因疼痛和恐惧而发出的哀号。其他同谋者冲进来,从四面八方攻击他。皇帝的亲信们——只要是支持他的人都能被称作亲信——树倒猢狲散。至于卡利古拉的叔叔克劳狄乌斯,我们不可能期待他会给予侄子任何帮助,因为他的智力如此低下,以至人们通常认为他连常识都不具备。所有有望保护卡利古拉的人,要么逃离了现场,要么目瞪口呆地站在那里,任凭谋反者们尽情地报复悲惨的卡利古拉。

事实上,当暴君活着并手握大权时,成千上万的人愿意为他辩护并执行他的意志,不管他们心里有多么恨他。然而，当他死了或者当他必死无疑时，形势瞬间就会改变，他会众叛亲离，人人倒戈。剧院和皇宫内外的民众，一个小时前还在这位强大的君主面前不寒而栗，似乎他们活着就是为了听从他的召唤和命令；现在，看到他转瞬之间就成为一具死尸的场景，他们却满心欢喜。谋反者们一确定计划成功，暴君毙命，就开始纵情狂欢，似乎即使这样都难解心头之恨。在疯狂又野蛮的狂欢中，他们割下他身上的肉，扔进嘴里使劲咀嚼。最后，他们离开了尸体，来到了城里，那里自然已乱成了一锅粥。

卡利古拉的尸体直到深夜还被扔在那里，后来被皇宫里的一些侍从运走了。据说，他们是被谋杀的卡利古拉的妻子，也就是皇后凯索妮亚派来的。凯索妮亚那时有一个尚在襁褓中的女儿，事发当时，她和女儿待在一座偏僻的行宫里。丈夫被杀的消息让她伤心害怕、心乱如麻。她紧紧地搂着自己的孩子，寸步不离，同时安排人员埋葬了丈夫。她心想，或许她和孩子暂时不会有危险，所以并没

凯索妮亚

有打算逃跑。看来,她并不知道谋反者们被唤醒了多么可怕的狂怒,这种狂怒来自她丈夫对他们长期的侮辱与迫害,现在需要由她和孩子的生命来安抚。那天深夜,一名谋反者破门而入,将凯索妮亚刺死在椅子中,并举起摇篮中无辜的婴儿把她摔死在了墙上。刺杀卡利古拉的谋反者们,不光要对暴君个人实施报复,还要对可恨的暴君的家族赶尽杀绝。他们为自己杀害妇孺的行为辩解,说斩草除根是严酷的政治需要,这样就不会有后起的继承者重新建立政权,并再次实行他们中止的暴政。无辜又无助的孩子成为这种假定的政治必要性的牺牲品,在君主制的历史上,这样的例子比比皆是。

第 3 章　 *CHAPTER III*

克劳狄乌斯即位（41 年至 47 年）

The Accession of Claudius (*A.D. 41—47*)

在刺杀卡利古拉的过程中，联合行动的同谋者除了反对暴君本人以消解心中的憎恨和愤怒，还有一个更宏大的计划，那就是他们希望通过降低军队的地位来剥夺军队的专权，恢复罗马元老院及其他行政部门以前一直行使的统治权，从而彻底改变政府受军队控制的局面。当然了，卡利古拉的死亡只是这场斗争的开端，而不是结局。整个国家立刻分化成了两大阵营，一方是元老院，一方是军队，一场持久的如火如荼的斗争就此拉开了序幕。究竟哪一方会获胜，很长时间内都没有定论。

事实上，卡利古拉刚刚被杀，他的死讯就传遍了皇宫和罗马城的大街小巷，立刻引起了一场规模巨大的骚乱，接着出现了纷争的预兆。一接到警报，一群一直服侍在皇帝身边的卫兵就准备冲去保卫他，结果发现为时已晚，那便为他报仇。皇帝生前出手阔绰地赐予他们礼物，紧紧地把他们笼络在自己身边。这群卫兵冲向皇宫，发现皇帝已经被杀后，便怒不可遏、见人就杀。皇帝被杀的消息传到剧院，在一排排的观众中传播。然而，起初人们并不相信这个故事。他们猜想这个传闻是皇帝自己想出来的狡猾的诡计，目的是诱使他们对他的死亡表现出快乐和满意，以便让他有借口残忍地惩罚他们。然而，街上的吵闹和骚乱很快使他们相信，一定是发生了什么不同寻常的事情。他们了解到皇帝的死讯千真万确，同时也吃惊地发现，怒气冲天的卫兵们在剧院门口咆哮，试图强行进入，对集会的人实施报复，就好像观看表演的观众是罪犯的帮凶。

与此同时，卡西乌斯·卡瑞亚和其他主要同谋逃到一个秘密的隐居地藏了起来。发现复仇的目标——卡利古拉已经咽气后，他们心满意足地对毫无生息的尸体乱砍乱刺，之后悄悄来到附近一个朋友家里。卫兵们到处搜查他们，却一无所获。街上吵吵嚷嚷、乱作一团，谣言四起，人们激动不安。但后来，帝国的最高治安官、执政官们成功地组建了一支军队，恢复了社会秩序。他们占领了集会的场所和朱庇特神殿，沿街派兵布哨；他们强迫皇帝的卫兵停止暴力，回到军营里去；他们派了一名传令官披麻戴孝地走进剧院，正式向人们宣布发生的事情，并指示人们悄悄地回家。采取了这些预防措施之后，他们立即召集元老们开会，商讨发生的紧急事件，决定下一步应该怎么办。与此同时，皇帝的卫兵们从罗马城的大街上回到了军营，加入了他们战友的行列。这样，两大阵营就此形成——军队和罗马城里的元老院，相互忌恨。冲突迫在眉睫，双方都暗下决心，决不屈服。

在突然发生暴力政变时，政务应该怎样处理，谁应该上台，谁又应该下台……似乎总是由完全偶然的事件决定。伴随着卡利古拉的死而发生的这次政变就是这样，谁应该代替被谋杀的皇帝作为最高指挥官；就军队这边而言，军队选择了阿格里皮娜的叔叔克劳狄乌斯。而他以如此不同寻常的方式当选，似乎完全是个意外。

我们前面多次讲过，克劳狄乌斯是卡利古拉的叔叔，而卡利古拉和阿格里皮娜又是兄妹，他自然也是阿格里皮娜的叔叔。他当时大概五十岁，由于心智和身体的劣势，处处遭人嘲笑，受人侮辱。

他出生时就体弱多病,连他母亲都鄙视他,称他为"未完成的小怪物"。每当她想对别人的理解力表示蔑视时,她常常会说:"你跟我儿子克劳狄乌斯一样笨。"总之,一句话,就天资禀赋而言,克劳狄乌斯在各个方面都十分不幸。他面目可憎,身材矮小,举止笨拙,声音难听,说话结巴。事实上,他小时候被人看作白痴,被禁止与其他同龄的罗马少年交往,被限制在皇宫内一个偏僻的地方,和女人、奴隶待在一起。在那里,他不知遭受了多少白眼、冷遇及残忍的对待,结果他仅有的一点禀赋灵气也被压制并消灭了。所有人都以戏弄折磨他为乐。有时,大家聚在一起消遣娱乐,当他来到桌旁时,其他客人就会联合起来挤对他。他们看着他无助地从桌子这头跑到那头,就是没人愿意让他坐下,甚至会开怀大笑;如果他们发现他睡着了,就用橄榄或枣子砸他,或者用棍棒敲醒他;有时,他们会趁他熟睡时,偷偷把他的草鞋放在他手上,当他突然惊醒,就会用草鞋揉搓自己的脸和眼睛,这让他们非常开心。

然而，他的劣势终究不像人们看上去的那么严重。的确，他的外貌难看到了极点，他的行动笨拙到了极致，但在学识方面，他有着很高的追求和造诣。他经常忍受别人的嘲笑与戏弄并被上流社会拒之门外，但这正好给了他大把时间潜心学习或追求其他一些有益的事情。在努力开发自己的心智方面，他取得了长足进步。然而，他并没能获得周围人的尊敬。他渐渐长大后，人们认为他似乎什么事也干不了。他的侄子卡利古拉在位期间，他和其他贵族都待在宫里，但在他们眼里，他依然是一个无足轻重、备受鄙视的人。据说，他能保住性命或许正是因为他的无足轻重，正是因为卡利古拉看到他又傻又笨，根本不可能有任何野心，才没有找借口杀了他。事实上，在做了皇帝后，克劳狄乌斯曾说过，大多数情况下他貌似无知，都是假象，是大智若愚，以免自己受害。

克劳狄乌斯成年后结过几次婚。当卡利古拉被杀时，和他生活在一起的是他第三任妻子，叫梅萨利纳。他们是表兄妹，生有一女，叫奥克塔维娅。克劳狄乌斯与前两位妻子的关系剑拔弩张、势同水火。他和她们争吵不休，最终离婚。这两位妻子，一个给他生了个女儿，一个给他生了个儿子。有一天，儿子把一块梨扔到空中，等它掉下来再试图用嘴接住，结果梨滑进了气管，使他窒息而死。至于那个女儿，由于克劳狄乌斯与她的母亲闹离婚，克劳狄乌斯和女儿的关系恶化，决定与女儿断绝父女关系并抛弃她。他命人扒光惊恐万状的小姑娘的衣服，将她扔在母亲的门口。

庆祝活动的最后一天，正如前面讲过的那样，克劳狄乌斯和卡利古拉在剧院里，后来又跟他进了皇宫去看亚洲送来的少男少女。当他侄子被刺杀时，他正好在场。从我们对他性格的描述来看，读者也许可以想到，他被这突如其来的场面吓坏了，完全惊呆了，六神无主。他不知是该支持还是该反对谋反者。他魂飞魄散，偷偷躲进皇宫中一个幽暗的壁龛的帷幔后面。他能听到周围发出的所有响动，能听到街上和皇宫中走廊里的呼喊和喧闹。一队队卫兵来回走动，时不时地经过他藏身的地方，他们的武器发出的叮当声、他们愤怒的惊叫声和呼喊声让他心慌意乱。有一次，他偷偷向外张望，看到一群卫兵匆匆走过，长矛上挑着一颗血淋淋的人头。那是一位杰出的罗马公民的头颅，卫兵们以为他是一名谋反者，就截住并杀死了他。这一可怕的景象极大地增加了克劳狄乌斯的恐惧。对背叛他侄子的这些人的动机和计划，他全然不知，当然也无从得知两大对立阵营对他有何看法。因此，他不敢把自己交给任何一方，只能心急如焚地躲着，茫然不知所措。

在忐忑不安、惊恐不已的状态中，克劳狄乌斯被一名叫埃普利乌斯的普通卫兵发现。埃普利乌斯碰巧路过此地，偶然看到了帷幔下的双脚，就立刻拉开帷幔将他拖出来仔细辨认。当然了，此时克劳狄乌斯以为自己大限已到，在临死的恐惧中跪下来乞求卫兵饶命。当发现自己抓住的囚犯是卡利古拉的叔叔——克劳狄乌斯时，这名卫兵赶紧扶他起来，尊他为皇帝，并向他致敬。由于卡利古拉没有儿子，埃普利乌斯认为克劳狄乌斯是卡利

克劳狄乌斯被埃普利乌斯发现

古拉最近的亲属，所以理应成为皇位继承人。埃普利乌斯立刻将其他卫兵召唤到此，并宣称自己找到了新皇帝，号召他们帮忙把新皇帝送到军营里去。因此，卫兵们命人找来一把椅子，让惊魂未定的克劳狄乌斯坐在上面。他们将椅子抬在肩上带他离开。当他们抬着他在街上走过，看到的人以为卫兵们要处决他，都为他悲惨的命运哀叹。克劳狄乌斯自己都不知道该相信谁，只希望卫兵们能放他一马，那时他还没有完全消除心中的恐惧。

与此同时，卫兵们抬着他马不停蹄地向前走。当一组抬轿者疲惫不堪时，他们就放下椅子换另一组人接着抬。一路上，没有人骚扰他们或者试图截住他们。最后，他们到了军营，克劳狄乌斯受到了全军的欢迎和礼遇。当天晚上，军官们开会讨论，决定拥护他为新皇帝。起初，他非常不情愿接受他们提供的尊荣，但在他们的极力劝说下，才接受了皇位。就这样，军队又有了新首领，准备向罗马城里的当权者开战。

在此，我们不必详细描述接下来发生的冲突，只要说明军队大获全胜，克劳狄乌斯很快发现自己在侄子被推翻后不久就能够独揽大权，这样就足够了。

新皇帝登基后采取的第一项措施就是将阿格里皮娜召回罗马城，当时，她被卡利古拉流放到庞提亚岛监禁起来。接着，克劳狄乌斯恢复了她以前的地位。她的丈夫布瑞赞贝尔德已经去世，她的儿子小布瑞赞贝尔德——后来被称作尼禄，也就是这段历史的主角——当时只有三岁。克劳狄乌斯和梅萨利纳的女儿奥克塔维娅比尼禄还要小一点儿。

克劳狄乌斯的妻子梅萨利纳憎恨阿格里皮娜，把她看作自己的对手和敌人——阿格里皮娜也的确如此。克劳狄乌斯将阿格里皮娜从流放地召回罗马城，并对她宠爱有加，这让梅萨利纳对她恨之入骨。然而，她又不能引诱克劳狄乌斯撤回他对侄女的保护，因为克劳狄乌斯虽然在大多数事情上完全听从妻子梅萨利纳的话，但唯独这件事似乎并不打算屈服。因此，阿格里皮娜继续住在罗马城，并且逐渐在宫中拥有了赫赫权势。她的儿子也在一天天长大，一天天成熟。十二岁那年，在他和他母亲身上又发生了巨大变故。由于梅萨利纳邪恶歹毒、鬼迷心窍，反倒使自己成为对手阿格里皮娜可利用的工具。阿格里皮娜取代梅萨利纳嫁给了皇帝，当上了皇后。她达到目的的经过如下所述：

长期以来，梅萨利纳就是一个淫荡邪恶的女人，整日寻欢作乐，与喜欢的朝臣私通。刚开始的一段时间里，她还偷偷摸摸地干这些见不得人的勾当，以免被丈夫发现。慢慢地，她胆子越来越大，竟然公开与他们苟且。她还无耻地劝丈夫赐予她宠幸的那些人荣誉和奖赏，而贬谪甚至杀害那些冒犯她的人。比如，她对自己的继父西拉努斯一直怀恨在心。他是梅萨利纳母亲的第二任丈夫，年轻英俊，魅力非凡。起初，梅萨利纳很爱他。然而，西拉努斯并没有满足她的愿望，她由爱生恨并急切地想要报复。既然得不到，她就决定毁掉。然而，她发现西拉努斯与皇室的关系密切，致使她很难让克劳狄乌斯上当。于是，她想出了一个奸诈歹毒的阴谋。

一天傍晚，她派信使给西拉努斯传话，说皇帝让他第二天一大早进宫，到他的寝宫去。信使还说，皇帝想见他，有要事相商。

就在西拉努斯按照约定的时间进宫之前，一个叫纳西苏斯的皇室御用军官，也就是受梅萨利纳雇用帮她完成阴谋的人，行色匆匆地走进皇帝的寝宫，带着一脸焦急的表情，对因他的到来而被吵醒的克劳狄乌斯说，他做了一个可怕的梦，认为将它刻不容缓地汇报给皇帝是他的职责。他说自己梦到有人密谋行刺皇帝，这个谋划者就是西拉努斯，西拉努斯一大早就会来实施计划。当时和丈夫在一起的梅萨利纳，假装焦虑不安地听完这个故事，然后带着一脸神秘又庄严的表情宣布：她连续两三个晚上也做过同样的梦！只是她不愿意伤害西拉努斯，或者让皇帝对她产生任何不必要的怀疑，才一直忍着没把实情告诉丈夫。然后，她说自己现在已经相信了，西拉努斯的确心怀不轨、意欲造反,她还说梦就是上天警告皇帝防范危险的预兆。

对这些消息,生性胆小的克劳狄乌斯感到惊慌失措,而就在那时,一名仆人走进来向他汇报,说西拉努斯进来了,这让克劳狄乌斯一下子变得紧张起来。西拉努斯不合时宜地来到皇宫,被皇帝认为这恰恰证实了他们讲给他的那些梦境,证实了西拉努斯就是有罪。对此,皇帝深信不疑,心中的恐惧和激动使他一时冲动,命令左右将西拉努斯拿下,拖出皇宫,立即处死。卫兵们领命,不由分说地将西拉努斯架出皇宫,用宝剑结果了他的性命。可怜的西拉努斯,到死都不知道自己究竟为何被控告、被处决,就这样不明不白地含冤而死。

就这样,每当不能直接通过皇帝达到自己的目的时,梅萨利纳就会利用阴谋诡计达到。她几乎总能以这样或那样的方式实施自己的计划,久而久之,她几乎能够行使最高权力了。她想捧谁就捧谁,想灭谁就灭谁。同时,她过着一种放荡不羁、纵情享乐的生活。长久以来,她向皇帝隐瞒自己的恶行。尽管人人都知道梅萨利纳品行不端，她却很轻易地骗过了皇帝，皇帝依然对她的罪行一无所知。但后来，她变得越来越胆大妄为，正如一位史学家所说，她对普通的恶行已经感到厌烦，希望寻求新鲜刺激的快乐以满足感官需求，但最终她做得太过分，使自己走上了毁灭的道路。

时间来到克劳狄乌斯当上皇帝后的第七个年头。那时，梅萨利纳的情人是一个叫西利乌斯的罗马元老，他是一个非常尊贵的年轻贵族，长相俊朗，潇洒自如，谈吐不凡，举止儒雅。事实上，他是个大众情人。在第一次见到他时，梅萨利纳就被他的翩翩风度迷倒了，真可谓一见钟情。然而，他已经娶了一个叫西拉娜的罗马美女为妻。西拉娜过去一直是尼禄的母亲阿格里皮娜的闺中密友，此时两人的关系依然很亲密，尽管后来她们成了死对头。梅萨利纳公开了自己对西利乌斯的爱恋，自由出入他的宅邸，反过来也殷勤对待他的造访。她陪他出入公共场所，公然并毫不掩饰地处处表明自己对他的强烈爱恋。最后，她提议他休妻，以便他们能自由自在地出双入对。

西利乌斯犹豫不决。他心知肚明，不管是听从，还是拒绝，都必然招来极大的危险。答应皇后的提议，无疑会让自己置身于十分危险的境地；如果拒绝，他担心她会震怒，西拉努斯的下场就是前车之鉴。他最终决定两害相较取其轻，听从梅萨利纳的提议，休掉了妻子，完全受梅萨利纳的摆布了。

做出这样的安排后，一段时间内万事顺利，风平浪静。克劳狄乌斯本人过着非常清静的生活，很少关注妻子的放纵与淫乐。他有时住在皇宫偏僻的院落里，花时间学习或处理政务。他似乎有心促进国家富强和民族兴旺，他制定了许多有用的利国利民的法律法规。有时，他会离开罗马城三个月左右，巡视要塞和军营，视察公共建设工程，比如正在建设的沟渠和运河。

他计划在台伯河口修建一个港湾，这项工程令他很感兴趣。那个地方被称作奥斯提亚，在拉丁语中意为"出入口"。为了形成一个港口，他在那里修建了两道长长的、弯曲的、伸向海中的防波堤，以便在它们之间围起一大片水域，这样船就能安全地在此抛锚。防波堤的尽头建有灯塔。在为其中一道防波堤打基础时，情况有点儿特殊。克劳狄乌斯雇用的工程师们将一艘大船沉到了海底，那是卡利古拉以前命人建造的，用来从埃及向罗马运送一座方尖碑。这座方尖碑现在矗立在圣彼得大教堂前面，成为令所有参观者赞叹的景观。由于这座方尖碑是用一块完整的石头雕琢而成的，要运送它就得有一条特制的大船，而一旦完成了这艰巨的运送任务，这条船在海上就没了用武之地。因此，工程师们就把它装满石头和沙砾从台伯河口沉下去，形成克劳狄乌斯命令修建的一条防波堤的基础。人们发现，即使经过了几个世纪，沉睡在海底的木料也没有丝毫腐烂的痕迹，除非水生生物啃食并把它们分解运走，否则这艘大船依然会岿然不动地深埋在克劳狄乌斯曾经安放它的地方。

当皇帝忙于规划国计民生时，皇后梅萨利纳却继续过着花天酒地、骄奢淫逸的生活，并且日渐堕落，越来越胆大妄为。她的生活就是一个持续不断的款待与快乐的循环过程——有时在自己的寝宫里款待来访的客人，有时和一大帮随从、朋友造访西利乌斯的府邸。当然了，人人都向西利乌斯大献殷勤，在与他的交往中处处表现出对他的友爱与敬慕。对得宠的红人，情况大抵都是这样：表面上，他们恩宠加身，风光无限；但暗地里，备受人们憎恶与鄙视。西利乌斯轻而易举地攀上高枝，不禁感到飘飘然。他醉心于这种感觉。然而，他并不总是过得那么逍遥自在，他也意识到爬得越高就跌得越重。他虽然现在就站在悬崖峭壁的边缘，但大多数时候还是闭上眼睛，盲目前行，不断滑向危险的深渊，直到灾难突然降临。

第 4 章　　*CHAPTER IV*

梅萨利纳的命运（48年）

The Fate of Messalina (A.D. 48)

当西利乌斯发现自己与梅萨利纳现在所面临的情况和形势时，他心中激起了两种完全不同的情感：一种是野心，另一种是担心。攀上高枝，他自然还想爬得更高进而掌握实权，而与梅萨利纳苟且带来的危险也让他日益感到不安。最后，在野心和担心的双重作用下，他想出了一条妙计并决定实施。他要谋杀克劳狄乌斯，娶梅萨利纳为妻，取代克劳狄乌斯，自己做皇帝。他想，只要完成这一计划就能一箭双雕，一来他能立刻拥有无上的实权，二来他自己也会安全无虞。他决定向梅萨利纳提出自己的计划。

后来，当感到时机成熟时，西利乌斯就跟皇后提起了这件事，并小心翼翼地将自己的计划告诉了她。"我希望你只属于我一个人"，他说道，"尽管皇帝年事已高，但我们不能安安全全地等到他自然老死。事实上，我们一直面临危险，我们做得确实有些过头，所以不可能安闲自在。只要走完最后关键的几步，完全达到我们的目的，就能完成我们未竟的计划。只有这么做，我们才不会遭受惩罚。我们应该采取唯一的最有效的方式保护自己。我们除掉皇帝,我取代皇帝,再娶你为皇后,你现在享有的权力到那时会原封不动地回到你手里,只有这样你才能永远地高枕无忧。实施这个计划其实很容易,因为皇帝垂垂老矣、愚钝糊涂,只要我们深思熟虑、计划周密,他便无力保护自己,除掉他就不费吹灰之力。如果我们依然保持现状,任何偶然事件都会让他从昏睡中清醒过来,然后他可能会为我们的事勃然大怒,对我们严惩不贷。"

梅萨利纳津津有味、全神贯注地倾听着这个提议,但似乎并不赞同刺杀皇帝的建议。一位历史学家说,她之所以不同意这么做,不是因为还念及残存的夫妻感情或出于任何良知,而是因为她不信任西利乌斯,也不愿意完全受他控制。她更希望西利乌斯依赖自己,而不愿自己去依赖他。然而,她说她很乐意提议中说到的娶她为妻,即便皇帝还活着,她也同意。因此,她补充说,如果西利乌斯同意,等下次皇帝去奥斯提亚时,她准备举行婚礼。

作为一名妻子和母亲，无论她有多么肆无忌惮、道德败坏，在这种情况下，梅萨利纳竟然能够做出这样的决定，自然是超乎寻常的。那些不断涌现的、统治人类的不负责任的暴君，总是不顾一切地、疯狂痴迷地把坏事做尽，把恶事做绝，对那些不明白这一点的人来说，梅萨利纳的做法一定让人难以置信。记录这一事件的那位罗马史学家让我们确信，正是这种厚颜无耻的行为才让梅萨利纳觉得有意思。对所有普通的、可耻的放纵与淫乐的方式，她已经感到厌烦和腻味。她经常欺瞒丈夫满足自己的欲望，这种偷偷摸摸的行径曾一度让她感到刺激痛快，给她的生活平添了一份滋味。然而，皇帝太轻信她，以致时间久了普通的恶行再也不能给她带来任何快感。不过，当皇帝离开罗马城去不远的地方小住几日时，她则真正地嫁与他人。这种想法既新鲜又吸引人。她想，这有别于以往那些单调乏味、无聊枯燥的犯罪方式。

最后，西利乌斯提议的婚姻被定了下来，并且在克劳狄乌斯去奥斯提亚视察正在进行的工程时，如期举行了模拟的结婚仪式。当然了,这样的一个结婚仪式并不具备任何法律效力。在真实的庆祝活动中,假装的婚礼究竟被公开了多久,我们无从得知,但历史学家们说是按照其他婚礼仪式举行的。有目击者确认,仪式由一名祭司官主持。这样庄严的仪式让祭司官来主持比较合适。梅萨利纳和西利乌斯分别重复了新娘和新郎要说的誓言,然后是祭天敬神的仪式。接下来是婚宴。在婚宴上,他们像其他新婚夫妇那样,亲亲热热,拥抱接吻。总之,婚礼从头至尾按照惯常的程序进行。无论这样的场面是作为严肃的事情公开进行的,还是作为一种游戏私下进行的,都在所有见证它的人心中产生了强烈的轰动,消息不胫而走,很快便传到城外,弄得尽人皆知。

对这样的行径,克劳狄乌斯的支持者们感到义愤填膺。他们聚到一起商议,互相表达不满与抱怨,预见这件事可能会带来的可怕恶果。他们说西利乌斯是个野心勃勃、极度危险的人物。他们相信他那厚颜无耻的行径就是某种深藏不露、不可告人的阴谋的前奏。他们为克劳狄乌斯的安全感到忧心如焚，因为他们心如明镜：一旦皇帝垮台，他们也会跟着毁灭，因此，他们感到惊慌失措。然而，他们又万般无奈，束手无策。

他们想将梅萨利纳的可耻行径告诉皇帝，却对这件事会给皇帝带来怎样的影响毫无把握。和几乎所有优柔寡断的人一样，皇帝极端冲动，反复无常。告诉他实情后，他是会漠不关心，还是会怒不可遏；他会把怒火发泄在梅萨利纳身上，还是发泄在那些告发她的人身上，这一切都无法预料。

最后，经过反复的商量和讨论，几个极度憎恶梅萨利纳及其丑恶行径的朝臣决定联合起来伺机杀掉她。这伙人的主谋是卡里斯图斯，他是克劳狄乌斯的一名军官，也是参与卡西乌斯·卡瑞亚谋杀卡利古拉行动的一员。还有一个是纳西苏斯，即上一章提到的与梅萨利纳联手导演了西拉努斯之死的那个狡猾的阴谋家。最后一个合谋杀害梅萨利纳的人是帕勒斯，他是克劳狄乌斯信赖的朋友和心腹，和其余人一样，他非常嫉妒西利乌斯通过梅萨利纳僭越他的主人——皇帝，而获得的影响力。尽管还有其他人参与其中，但他们三个人是主谋。

这些人仇恨的最大目标似乎是西利乌斯，而不是梅萨利纳。事实上，我们很容易就能想到这一点，因为他们的对手是西利乌斯，而不是梅萨利纳。他们中有的人因她本人的缘故而憎恨她，但其他人似乎只要能通过其他方式抓获西利乌斯，并不想伤害皇后。在讨论会上，有人提议直接去见梅萨利纳，不是向她表示任何冷酷的敌意，而是耐心地说服她断绝与情人西利乌斯的来往。然而，这一提议很快就被否决，合谋者们认为梅萨利纳不可能听从诸如此类的任何建议。他们一旦真的这么做了，梅萨利纳不同意，她很有可能大发雷霆，并压力惩罚提出建议的人。话说回来，她就算不会试图惩罚提出这一建议的人，也无论如何会有效地防范他们的任何企图。因此，棒打鸳鸯的计划被放弃了，他们重新制订计划，决定把二人都除掉。

为了实现目标，合谋者决定采取的计划是：去见还待在奥斯提亚的克劳狄乌斯,并把梅萨利纳和西利乌斯的所作所为一股脑儿告诉他,努力说服他,他们这种恬不知耻的行为将公开危及皇帝的生命。然而,合谋者中似乎没人愿意出头去和这样一位皇帝进行这样的对话。他们不知道他会做出怎样的反应,或者说他会先对谁下手来消解自己的憎恨与怨怼。最后,经过反复讨论,他们决定利用一个叫凯尔波妮娅的高级妓女去执行这一任务,她是克劳狄乌斯的情人。因此,他们想,在这样的情况下,她或许能有机会接近他并提起这件事,从而降低危险。不管怎么说,凯尔波妮娅很快就对同谋者们摆在她面前的优厚条件动心了,并答应执行这一任务。他们不光承诺给她适当的回报,还成功地激起了这样一个女人自然而然地对梅萨利纳的嫉妒和憎恨。虽然同是伴侣,凯尔波妮娅却只相当于情人,她当然会把梅萨利纳当成对手和情敌。他们还向凯尔波妮娅描绘了一幅锦绣般的前景。他们说,一旦扳倒了梅萨利纳,她的地位就会彻底改变,再也没有人能够妨碍她,她对皇帝思想的影响和支配就能天长地久。

凯尔波妮娅还叫科里奥帕特拉的高级妓女当帮手，凯尔波妮娅向皇帝告发皇后的丑行时，如果需要证明，她就在旁边敲敲边鼓，证实凯尔波妮娅说的话完全属实。同谋者们也会候在外面，随时等待被传唤，凯尔波妮娅和科里奥帕特拉的话起作用后，一旦时机成熟，他们就准备行动。如此这般安排妥当后，这伙人动身前往奥斯提亚，去实施他们的计划。

与此同时，梅萨利纳和西利乌斯完全没有意识到潜在的危险，从而变得越来越胆大妄为。他们道德败坏、纵情享乐，毫不在乎所产生的影响有多么恶劣。在卡里斯图斯和同伙去奥斯提亚的那一天，她在皇宫里举办盛大又欢乐的庆典。那是一年中的秋季，庆典正是为了纪念这个季节。在地中海沿岸的国家，采摘葡萄并榨出酿酒的葡萄汁是秋季狂欢最重要的主题。梅萨利纳秉承传统习俗，在皇家花园里安排了这个庆典。一架葡萄榨汁机被竖起来，葡萄被采来扔进去。梅萨利纳邀请的客人们聚集在周围,有的在榨汁机周围跳舞,有的在小径间散步,有的坐在附近的凉亭里。他们穿着花里胡哨的衣服,头上戴着用鲜花编成的花冠。有一群作为演员忙着跳舞的女孩子,为在座的诸位提供娱乐,以纪念酒神巴克斯。这些女孩子,全身包裹在用虎皮缝制的袍子里,头上戴着花冠。梅萨利纳是欢乐的人群中最显眼的那个。她穿着长袍,尽显优雅与迷人的魅力,和煦的秋风轻轻地吹拂着她的长发。她手里拿着精雕细琢的酒神巴克斯的手杖,手杖顶端刻有一串葡萄及其他象征性装饰。在拜祭酒神的仪式和庆典中,酒神巴克斯的手杖总能用到。西利乌斯则和其他人一样穿着怪诞的衣服,被跳舞的女孩子们围在圆圈中心,在梅萨利纳身旁跳舞。

正当人们在罗马城的皇家花园里尽情享受欢乐的舞会时,在奥斯提亚却有完全不同的一幕上演。在与克劳狄乌斯秘密会面时,凯尔波妮娅瞅准了似乎有利于她此行的机会,赶紧在他面前跪下来,将同谋者们灌输给她的那些话告诉了他。

她把梅萨利纳的丑事一桩桩地讲给皇帝听，并特意告诉他梅萨利纳如何公开地嫁给西利乌斯，或者至少假装这样做，而给自己的丈夫戴了绿帽子，使他这位皇帝蒙羞。她又补充道："你的朋友们相信，她和西利乌斯怀有更罪恶的阴谋，你会有性命之忧。只有立刻采取有力的措施，您才能避免危险。"

听了这些话，克劳狄乌斯惊讶不已，同时胆战心惊。他浑身发抖，面色苍白，后来变得激动又愤怒，开始语无伦次、心烦意乱地盘问。凯尔波妮娅将科里奥帕特拉唤进来为她说的话做证。当然，科里奥帕特拉的确毫无保留地为她做证。她们的话给皇帝带来的影响似乎正是同谋者期待的。他无意为梅萨利纳辩护，也没有对控告她的凯尔波妮娅和科里奥帕特拉发火，似乎他整个心思都在担心他个人的安危。因此，他命人将纳西苏斯叫了进来。

纳西苏斯被传唤入内，尽管装出一副极不情愿、踌躇犹豫的样子，但还是承认凯尔波妮娅说的话完全属实，并立刻开始为自己玩忽职守没能将这些情况提前告知皇帝而道歉。在讲到梅萨利纳和西利乌斯时，他态度温和节制，好像目的是要安抚皇帝，而不是要火上浇油。然而，他承认完全有必要采取果断措施。"你妻子在欺骗你，"他说道，"西利乌斯才是她的主人，接下来他会成为帝国的主人。他甚至快把禁卫军拉拢到他那一边了。那样的话，一切就都完了，完全有必要立刻采取果断的措施。"

在极度惶恐不安中，克劳狄乌斯立即召集在奥斯提亚的有名望的元老和支持者，商议下一步该怎么做。当然了，出席这次会议的主要是同谋者。他们围拢在皇帝身边，敦促他立刻采取最果断的措施，解除迫在眉睫的危险。他们成功地引起了他的惊慌恐惧，使他站在他们面前完全瞠目结舌、六神无主。同谋者们催促皇帝，首先要稳住禁卫军。这支军队由一名叫戈塔的军官指挥。纳西苏斯说此人不可信，他恳求克劳狄乌斯立刻授权给他——纳西苏斯，指挥禁卫军。主谋者们这么做是希望控制禁卫军，或许这样就能保证一旦他们成功地诱使皇帝对梅萨利纳和西利乌斯动手，在他改变主意之前他们也能立即执行。皇帝看看这个，又看看那个，倾听他们提出的各种建议和计划，但好像不知所措，举棋不定，甚至压根不知道该怎么办才好。然而，他终于决定立刻回罗马城。因此，所有人都上了马车。纳西苏斯陪着皇帝坐进了皇帝的战车，以便一路上能凭借三寸不烂之舌，保持主人——皇帝心中的激动与焦虑不会减退。

同时，在那些见证了在奥斯提亚发生的事的人当中，有些人在即将到来的斗争里倾向于支持梅萨利纳和西利乌斯，他们马上派了一名特别的信使去罗马城向皇后通风报信，告诉她即将大难临头。这名信使跨上骏马沿着台伯河岸全速前进，遥遥领先于皇帝的队伍。他一到城里，就赶紧到皇家花园向梅萨利纳和庆典上的其他人报信。他说有人向克劳狄乌斯告发了她和西利乌斯，皇帝现在咬牙切齿、怒气冲天，已经在回罗马城的路上了，并且要来惩罚他们。信使警告他们赶紧逃命。当然了，这一消息起初只是告知给一些有关的主要人员，但它让所有狂欢与快乐戛然而止，之后很快在花园里传开了。有个人爬上一棵大树向奥斯提亚的方向张望，其他人问他看到了什么。"我看到奥斯提亚的海面上起了大风暴，"他说道，"并且向这边来了，我们得赶紧各自逃命。"总之，祭祀酒神的狂欢游戏和活动很快就在一片混乱中散场了，前来庆祝的人们慌不择路、四散逃命。

西利乌斯马上换上普通的衣服，装出一副漫不经心、满不在乎的样子进了城。他在公共集会场所附近游荡，似乎一切和往常无异。梅萨利纳则逃进了一个叫卢卡鲁斯的朋友家里，她穿过房子在花园里寻找藏身之处。在那里，她开始感到痛苦万分、悔恨交加、魂不附体。她犯下了滔天大罪，现在似乎要遭到可怕的报应了，一时不知道该怎么办才好。她很快反应过来，自己待在这里并非长久之计，因为克劳狄乌斯的士兵那时已经拥进城里，开始抓捕他们。他们很快就会发现自己的藏身之地，并把她带到怒火中烧的丈夫面前。她决定，与其坐以待毙倒不如主动去见他，听凭他的发落，竭力安抚并使他心软。因此，她心烦意乱地决定按照自己的想法去做。她从卢卡鲁斯家的花园里的藏身之地走出来，去找她的孩子们。她想带着他们一起去见皇帝，或许孩子们的出现会让皇帝心慈手软。她有一儿一女，前面已经提到的奥克塔维娅是姐姐，现在已经是十一二岁的年纪，弟弟比她小几岁，叫布里坦尼库斯。

与此同时，罗马城陷入了严重的骚乱之中。克劳狄乌斯派出去的士兵正在街上挨家挨户地搜查、抓捕梅萨利纳等人。在这混乱的情况下，梅萨利纳带着两个孩子，说服了一个叫维彼迪娅的贞女，恳求维彼迪娅陪她一起，并为她申辩。她从皇宫出来，跣足而行，穿过街道，蓬头垢面、衣衫不整，浑身写满屈辱、卑贱与哀伤。到达城门口后，她登上了一辆普通运货马车，就那样去见她怒不可遏的丈夫，让两个孩子和维彼迪娅跟在后面。

她没走多远就看见皇帝的队伍正向这边走来。

在离克劳狄乌斯的马车足够近,以便他能听到她说话时,她开始大声地乞求并哀伤地哭泣,恳请丈夫在谴责她之前听她一言。"听你不幸的妻子说句话吧!"她喊道,"听布里坦尼库斯和奥克塔维娅的母亲说句话吧!"纳西苏斯和其他近在身边的人干预她,以免皇帝听到她的乞求。他们不断对皇帝讲话,以坚定他的意志,还写了一份书面文件供他诵读,说这份文件讲述了整件事情的经过。克劳狄乌斯对自己的妻子几乎视而不见,继续向罗马城前进。她跟在丈夫的队伍后面,当他们接近城门时,遇到了维彼迪娅和两个孩子。维彼迪娅试图说话,但克劳狄乌斯充耳不闻。于是,维彼迪娅就用凄切的口吻抱怨他不给自己的妻子申辩的机会,这样做有失公平,太过残忍。但克劳狄乌斯不为所动,他告诉维彼迪娅,梅萨利纳会在合适的时间有机会为自己辩护。同时,他说贞女的职责就是闭门修行,服侍神灵。他就这样把维彼迪娅和两个孩子打发走了。

一行人一进城,纳西苏斯就带领皇帝来到了西利乌斯的宅邸。进去后,他向皇帝指认了大量的证据,证明了房子的主人确实跟梅萨利纳有私情。房子里摆满昂贵的礼物,它们是梅萨利纳爱的象征,其中有很多都是传到克劳狄乌斯手上的价值连城的皇室传家宝,但梅萨利纳把它们送给了西利乌斯。让克劳狄乌斯与这些传家宝如此疏远,这使克劳狄乌斯心中充满怨恨与愤怒。他随后来到了军营,西利乌斯和几个主要的同党被捕,并被带到一个临时召集的特别军事法庭,当场审判他们。当然了,审判过程非常简短,他们全被判处死刑,被拖出军营立即执行。

做完这一切,皇帝和其支持者回到罗马城,进了皇宫。克劳狄乌斯的大脑似乎一下子放松了,感觉危机已经过去,便命人准备晚餐。晚餐准备好之后,他坐在桌旁,庆祝自己和支持者逃过了近在咫尺的劫难,并成功地消除了危险。然而,纳西苏斯和其他人开始发抖,生怕最后梅萨利纳还是会被饶恕。他们非常清楚,如果她活下来,她很快就能利用巧妙的安排重新获得影响与支配皇帝的权力。

如果那样，她会不遗余力地消灭所有参与了将西利乌斯迫害致死的计划的人。因此，他们开始为自己的性命感到忧心忡忡。与此同时，有消息说，皇帝进城后，梅萨利纳回到了先前在卢卡鲁斯家的花园里的避难所。后来，她给皇帝带来了一封信。一读这封信，他就会发现梅萨利纳语气大胆。与其说这封信是乞求，倒不如说是抗议。她似乎想通过这种貌似勇敢、实则无耻的做法，检验一下她能否公开地重获长久以来影响与支配皇帝的权力。克劳狄乌斯好像有点儿犹豫和动摇了。恐惧的减弱似乎使他的怒火也随之减弱，加上在酒桌上开怀畅饮，以及当时其他因素的影响，他又恢复了惯常的好心情。他派一个信使回复梅萨利纳，让信使转告梅萨利纳，明天她可以来见他并为自己申辩。

这让纳西苏斯和其他主要的同谋者惊慌失措，他们立刻决定阻止克劳狄乌斯会见梅萨利纳。当初，按照同谋者们的意愿，纳西苏斯似乎被任命为禁卫军的指挥官。因此，他如果敢对自己的行动负责，就有能力阻止皇帝的决定被实施。这一刻充满紧张与悬念。然而，他很快就下定决心，尽管对他来说这么做很危险，但不做就会面临灭顶之灾。因为如果梅萨利纳被允许活下来，那么毫无疑问，他们都得死。因此，下定决心后，纳西苏斯匆匆走出宴会大厅，以皇帝的名义，给当值的军官下达命令，去卢卡鲁斯家的花园里，对梅萨利纳立即执行死刑，不得延误。

当一群士兵们进来时，梅萨利纳正和自己的母亲勒佩达在花园里等待皇帝的回信。她和母亲历来不和，已经很长时间不来往了。然而，女儿面临的危机唤醒了母亲心中本能的母爱，在生死攸关之际，勒佩达来看望自己的孩子。然而，勒佩达此行并非来安慰梅萨利纳，或者帮她自救，而是给她提供自裁的方式，以避免被公开处决而受到的羞辱，因为自裁是她目前唯一的出路。

因此，在花园里，勒佩达给梅萨利纳一把匕首，让她拿着它，对她说："死在自己手里，是你目前唯一的出路。你必须死，这场悲剧不可能有其他结局。在这里静静地等着刽子手来杀你是卑鄙的、可耻的。你必须死，现在你拥有的所有权力就是以与你的身份相配的尊严和勇气结束这一切。"

梅萨利纳显得十分焦虑和悲痛，但下不了决心接受这把匕首。就在这时，士兵出现了，走进了花园。母亲把匕首塞到了女儿手中，说道："是时候了。"梅萨利纳拿起匕首，把它抵在自己的胸膛上，却没有勇气捅进去。那名军官手执宝剑，带领士兵逼上来。梅萨利纳依然犹豫不决，下不了手，她虚弱又徒劳地给自己留下了一个伤口，但伤口并不深，不足以致命。就在这时，那名军官一个箭步冲到了她面前，把她砍倒，只一剑就结束了她的性命，也结束了她那痛苦的思想斗争。

消息传给纳西苏斯，说他的命令已被执行后，他重新回到克劳狄乌斯身边，向皇帝简单地汇报说皇后已经殁了。他没有解释，皇帝也没有问，而是继续进餐，就好像什么都没有发生一样。后来，克劳狄乌斯对梅萨利纳的命运也从未表达过一丝一毫的好奇和兴趣。

从某种程度来说，这些事激起的骚乱刚刚有所平定，就出现了新的骚乱。在为皇帝迎娶新皇后一事上，人们开始钩心斗角。有很多竞争者垂涎皇后宝座。因为克劳狄乌斯虽然年事已高，智力迟钝，长相丑陋，但依然是皇帝。宫里所有那些认为自己有可能成功的女人，都渴望嫁给皇帝，并把这看作可能实现的最大的梦想。这其中就包括阿格里皮娜。她是克劳狄乌斯的侄女，这种关系从某一方面来说，妨碍她登上皇后宝座，因为法律禁止这种程度的血亲关系结婚。然而，另一方面，这种关系又非常有利于阿格里皮娜，因为她正好可以以此为借口，频繁地接近皇帝，对他细心照料。最终，她成功地激起了他的爱意，他决定娶她为妻。元老院很容易就被说服了，修改了法律，以便他能名正言顺地娶阿格里皮娜为妻。就这样，他们结为了夫妻。

克劳狄乌斯不仅让我们此书主人公的母亲当了皇后，还收养了她的儿子作为继承人，同时给他改了名字——尼禄·克劳狄乌斯·恺撒·德鲁苏斯·日耳曼尼库斯,这个威武气派的名字取代了以前那个平庸粗俗的名字阿赫诺巴尔伯斯。然而,从那以后,史书通常只称呼他为尼禄。

第 5 章　*CHAPTER V*

尼禄的童年时光（39年至53年）

The Childhood of Nero (*A.D. 39—53*)

正如前几章中描述的那样,当阿格里皮娜经历自己人生中的大起大落时,年幼的尼禄(从今往后我们就叫他尼禄)长成了一个聪明活泼却无法无天、狂野不羁的男孩。大概在他三岁时,他的亲生父亲就去世了。然而,对这个孩子来说,这或许是件好事,而不是坏事,因为布瑞赞贝尔德是一个十分粗暴、残忍、毫无原则的人。有一次,他命令一个奴隶喝酒,而那个奴隶只因没有喝完,就被杀了;还有一次,他驾着马车穿过一个村庄,明目张胆地碾轧一个男孩,孩子当场毙命。他欺骗所有与他打交道的人,作恶多端,对妻子也十分残暴。正如前面讲过的那样,听到自己儿子降生的消息时,他竟然嘲弄地说,他和阿格里皮娜生出来的必定是个令人憎恶的玩意儿。当被问及会给孩子取什么名字时,他提议叫"克劳狄乌斯"。他这么说,是存心对自己的儿子表示轻蔑,因为克劳狄乌斯虽然后来当上了皇帝(以我们前文解释过的方式),但在那之前他是人人鄙视的、被当作身体畸形、头脑愚钝的白痴。这样一个人,作为阿格里皮娜的丈夫,在这样的一个时刻,他的表现着实让她痛苦不堪。然而，她越感到痛苦，布瑞赞贝尔德就越满意和开心。自然，这样的一个父亲死了，绝非灾难，真可谓幸事。

当尼禄的母亲阿格里皮娜遵照卡利古拉的命令被从罗马城放逐出去时，尼禄并没有和她一起去，而是留下来由姨妈勒佩达照料。这段时间里，姨妈对他疏于管教，而他也籍籍无名。他虽然生在罗马城最高贵的家庭之一，母亲是恺撒的后人，却过了几年贫苦、耻辱的日子。他的教育被忽视了，因为他仅有的导师就是一个职业舞蹈教师和一个理发师，除了他们，他再没受过任何人的教诲。当然了，他品德的形成也完全被忽视了。事实上，考虑到他周围那些人的品质，他无论怎么努力，也不可能受到什么积极影响。

卡利古拉驾崩后，克劳狄乌斯把阿格里皮娜从流放地召回，并恢复了她以前在罗马城的地位。尼禄也开始引起人们的关注，并从此与母亲在首都过上了奢华的生活。尼禄长相英俊，气度潇洒，很快便成为万人迷。他经常出现在娱乐、庆典等公共场合。每次出现，他总会引起人们特别的关注。在这样的时刻，克劳狄乌斯和梅萨利纳的儿子——布里坦尼库斯既是他的小伙伴，从某些方面来说，也是他的竞争对手。布里坦尼库斯比尼禄小四岁，作为皇帝的儿子，无论他出现在哪里，他都鹤立鸡群，引人注目。但尼禄的地位几乎和他一样高，因为尼禄的母亲出生在帝王之家，并且无论是年龄，还是外貌举止，尼禄都比布里坦尼库斯更胜一筹。

当时的历史学家提到了一件特别值得注意的事情：其间，年轻的尼禄获得了公众非比寻常的关注和敬意。那是在庆祝所谓的百年赛事时。这些比赛据说要隔很长一段时间，一百年左右才能举办一次。这一百年被称作一个时代。实际上，虽然两次赛事间隔的时间很长，但长短不一。

克劳狄乌斯在其统治早期，举办过一次赛事。在他之前，奥古斯都在自己的任期内举办过一次。不过，当时克劳狄乌斯想通过一些大型的娱乐活动和表演，让自己的任期大放异彩，就假装奥古斯都算错了时间，在错误的时间里举办了赛事，因此，他命令再次举办赛事，并大肆庆祝。

　　与此相关的比赛和表演持续了三天，包括祭祀活动和其他宗教仪式、大型表演、体育比赛、军事操练及剑术表演。有一天，他们举行了所谓的特洛伊比赛。这项比赛是在一个圆形剧场或竞技场上进行的。在成千上万观众的注视下，名门望族的男孩们骑在马上表演马术，并模拟一场冲突。当然了，布里坦尼库斯和尼禄是场上所有男孩中最引人注目的两个。最后，尼禄获得了观众的交口称赞，观众对他报以最热烈的掌声与喝彩，而布里坦尼库斯远没有尼禄那么风光。尼禄的胜出让阿格里皮娜引以为豪，乐不可支，却让梅萨利纳大为光火，恼羞成怒。要不是在这之后不久就因与西利乌斯的纠葛而让自己卷入麻烦，并很快死去，梅萨利纳很有可能想办法消灭自己的对手——阿格里皮娜母子。

　　此时，人们心中对尼禄充满敬慕，他们以最大的热情为他鼓掌喝彩。他曾经一度成为全罗马城各阶层街谈巷议的焦点，人人都在讲述他的身世和作为。其中一个流传很广：梅萨利纳出于嫉妒，疯狂地对他施毒手并派了两名刺客趁他睡着时暗杀他。刺客们来到花园里，看到他枕着枕头睡得正香。正当他们准备执行残酷的命令时，枕头底下飞出一条大蛇，赶走了那两名刺客。显然，大蛇的神奇现身，就是为了在关键时刻保护这个孩子。还有些人说，这件事是在他婴儿时期发生的，并且有两条大蛇而不是一条，它们和尼禄一起躺在摇篮里，保护他的生命。当时的历史学家们，其中有一位说这些故事都不是真的，都源自这样的事实：在还是个小男孩时，尼禄总是戴着一副用蛇皮做的手镯，小巧玲珑，色彩迷人。据说，手镯用金扣环固定，戴在尼禄的手腕上。

关于梅萨利纳因对阿格里皮娜妒火中烧而发疯般地试图直接杀害尼禄一事，无论是否属实，但有一点可以肯定，那就是她整日惶恐不安，生怕尼禄母子对皇帝的影响越来越大。因此，梅萨利纳利用自己皇后的地位和权力，百般侮辱她的敌人和对手阿格里皮娜。然而，最终梅萨利纳还是倒台了，这导致整个时局、阿格里皮娜的前途发生了翻天覆地的变化，也完全改变了尼禄的地位。的确，也有这样一种可能——在阿格里皮娜和克劳狄乌斯结婚后，布里坦尼库斯依然会在皇帝心中保持最高的地位，因为他是皇帝的亲生儿子，而尼禄只是皇帝的继子。但是，阿格里皮娜手段高明，能将怠惰、蠢笨的丈夫玩弄于股掌之中。她很快就想出办法，让尼禄取代布里坦尼库斯，在位次和荣誉方面成为地位最高的皇子。她建议克劳狄乌斯将尼禄收为养子，正如前文讲到的那样，元老院同意并批准了这一建议。然后，她让布里坦尼库斯从皇宫里搬走，将他隔离在一个公寓里，表面上是为了他的健康和安全着想。总之，在各个方面，阿格里皮娜都把布里坦尼库斯当小孩来看待，绝不给他出头露脸的机会。但她自己的儿子即使只比布里坦尼库斯大四岁，她也把他当大人看待，总是让他出现在公共场合。

　　古代和现代一样，有适合青少年穿戴的服饰，到他们成年，便会换上成年人的服饰。在古罗马时代，有着鲜明的成年人服饰特点的袍子被称为"托加"。古罗马的青少年得到托加长袍，不像现代年轻人换上成人服饰那样随意并可以根据方便和个人爱好而定，而是公开的，同时伴随着繁复的礼仪，并且只有在当事人达到法定年龄时才能举行仪式，获得托加。因此，获得托加长袍往往标志着人生一个重要阶段的开始。通过一条特殊的法令，阿格里皮娜让尼禄在十四岁时就得到了这一殊荣，这比通常规定的年龄要早许多。阿格里皮娜借着授予托加长袍和举行成人仪式的机会，通过一种特别的方式，在一场盛大、公开的庆祝活动中将尼禄推至罗马民众面前。作为皇室最优秀的皇子，他轻而易举地引起了民众的关注。阿格里皮娜还诱使克劳狄乌斯犒赏人民和军队，其实就是以尼禄的名义，公开地给民众和士兵们发钱。

这段时间，布里坦尼库斯被禁锢在宫里一个私密的公寓里，与保姆和一群孩子待在一起。他母亲梅萨利纳给他找来的导师和仆人被一个个地除掉，换上了阿格里皮娜挑选的人，他们能帮她达到目的。当那些在梅萨利纳生前曾经认识布里坦尼库斯的人问起他的情况时，阿格里皮娜回答说，那孩子体质虚弱，患有癫痫，所以必须与世隔绝。

实际上，有时候在公开场合，尼禄和布里坦尼库斯会同时出现，但即便在这样的情况下，对他们的安排也会比以往任何时候都更能让民众强烈地感觉到尼禄在位次方面的绝对优势。有一次，在这样的一个场合，布里坦尼库斯被打扮得像个小孩，随从也像保姆，而尼禄则骑着高头大马，身着华丽的托加长袍，犹如凯旋的将军。

一天，因为一件不值一提的小事，布里坦尼库斯惹得阿格里皮娜大动肝火。布里坦尼库斯虽然看似幼小，却是个非常聪慧的男孩，所以很清楚继母的做法及目的，他决不会心甘情愿地被排挤掉。一次，他和尼禄在城外参加一个公开的庆祝活动。见面后，尼禄和他交谈，直呼其名布里坦尼库斯，反过来，布里坦尼库斯也亲昵地称呼尼禄为多米提乌斯。多米提乌斯·阿赫诺巴尔布斯是他被克劳狄乌斯收养之前的名字。听说这件事后，阿格里皮娜感到愤愤不平。她认为布里坦尼库斯称呼尼禄以前的名字，表明他本人拒绝承认尼禄是他父亲的养子。她立刻怒气冲冲地来到克劳狄乌斯面前抱怨、告状。她说："你制定的并获得元老院批准的法令，现在被布里坦尼库斯否认了，我儿子在人们面前被这个无礼的孩子羞辱了。"阿格里皮娜借题发挥，进一步给克劳狄乌斯灌迷魂汤，说布里坦尼库斯绝不会主动用这种方式称呼她的儿子，他之所以这么做，一定是受了他身边某些对她有敌意的人的影响。她利用这个机会，诱使克劳狄乌斯授权给她，除掉了布里坦尼库斯身边残余的、有可能会支持他争夺继承权的导师和随从，并把他看管得更严了。

克劳狄乌斯在位期间，为了修建运河，决定排干富森湖。富森湖是亚平宁山脉山脚下距离台伯河不远的一片大而浅的水域。湖水会定期泛滥，并淹没周围的土地。一个工程师愿意排干湖水，并想将由此多出的土地作为自己的报酬，但克劳狄乌斯似乎对这项艰巨的任务十分感兴趣，更愿意亲自完成。计划中的运河，由人工挖掘的一段深沟和穿过大山的一段隧道组成。由于那时的人们还没有掌握现在普遍使用的挖掘技术，也就是炸药爆破，因此在坚固的岩石上作业就意味着投入大量人力。运河竣工后，克劳狄乌斯决定举办一场盛大的表演，以庆祝运河开闸放水。因为不能确定，排干湖水的壮观场面是否能够引来他想看到的大批群众，所以他决定增加更具时代特色和品位的娱乐项目，即在运河开闸放水之前，在湖上安排一场战斗，以娱乐观众。这样一来，这场战斗就成了富森湖的闭幕式，永远地终结了它的历史和存在。

人们开始建造桨帆船。接着，许多人被指定并分派到竞争的两支队伍里准备战斗。这些人不是罪犯就是战俘，在当时被认为正好可以用来互相残杀，以供皇帝和皇帝的宾客们消遣。一圈护墙沿着湖岸被修起来了，防止有人因战斗太激烈而试图登岸逃跑。皇帝的卫兵们站在护墙上，将试图逃跑的人赶回去继续战斗。由桨帆船组成的舰队被分成两大对抗阵营，两边的人员全副武装，就像参加真正的战争一样。在指定的时间里,为了观看这场盛大的表演,成千上万的群众从四面八方纷纷赶来。他们站在湖四周的高地上。当然了,这场战斗会非常逼真。人们的打斗虽然会疯狂,但压根不会伤及观众,因为那时没有呼啸的子弹,或者疾如雷电、射程超出战场范围的炸弹。古代战斗中的你死我活,自然局限于那些近身肉搏的人们。除此之外,没有什么能影响人们的视觉感受,战斗者周围和上方的空气自始至终都是清透的,没有烟雾模糊人们的视线。

因此,真正的战斗被罗马人看作最令人赞叹、难以忘怀的表演,数以万计的观众云集而来,观看克劳狄乌斯特意在富森湖上为他们安排的这场精彩表演。克劳狄乌斯身披盔甲,亲自坐镇指挥;阿格里皮娜坐在他旁边,穿着一件华丽的长袍。据一位历史学家说,它完全用金线织成,没有掺杂任何其他材料。他发出信号,战斗开始了。在这种情况下,像往常一样,一开始很难让罪犯和战俘们交战,但他们最终会变得足够凶猛残忍,满足所有观众的感官刺激。最后,有好几千人被杀,皇帝下令结束战斗。幸存者被告知,皇帝赦免了他们的罪过。

总之,对克劳狄乌斯来说,他是幸运的,因为他并没有完全依赖运河开闸放水这一景观来娱乐他召集到此的大批群众,因为战斗结束后,人们发现,虽然运河开闸了,湖水却并未流出。技术人员在测量或计算时出了差错,致使运河的河床在某些部分过高,所以当闸门打开后,湖水并未像人们期待的那样流进运河,而是像往常那样静静地留在湖里。

人群散开后,运河加深的工作继续进行。一年后,挖掘工作完成,一切准备就绪,等待新的检验。克劳狄乌斯重新召集了一批群众来见证这一时刻。这次不再于湖上进行战斗,而是准备了一场大型的格斗比赛。在运河出口附近的湖面上,工程技术人员建造了漂浮的巨型平台,比赛就在这些平台上进行。但最后,第二次让水流出的尝试被证明比第一次更失败。河道被挖得又深又宽,以便湖水能源源不断、汹涌澎湃地流出。后来的情况也的确如此,但工程技术人员用来控制水流的方法根本不足以控制局面。闸门打开后,转眼之间一切都垮掉了。滔滔洪流势不可当,奔涌而出,冲垮并冲走了表演用的舞台和看台。紧接着,难以用语言描述的混乱与骚动发生了。皇帝和皇后,宾客与观众,一起仓皇逃离,险些被洪流冲进运河。

尼禄从小生活在克劳狄乌斯的宫廷之中,在充满腐朽、虚荣和阴谋倾轧的环境里长大。我们不难想象一个男孩在这样的环境里会形成什么样的性格。结果证明,尼禄受到许多不良影响,变得骄傲自负、刚愎自用、心肠毒辣、放荡不羁。

大家应该记得,除了布里坦尼库斯,梅萨利纳还留下了一个女儿,叫奥克塔维娅。她比她弟弟大不到两岁,当然也就比尼禄小不到三岁。阿格里皮娜对她并不像对她弟弟那样充满敌意与仇视,因为从一开始阿格里皮娜对她就有完全不同的计划和安排。布里坦尼库斯必然是尼禄的对手和竞争者,所以他想要提前采取的措施都不能被实施,否则就会阻碍尼禄的成功。但奥克塔维娅，正如阿格里皮娜想的那样，可以利用：通过将她许配给自己的儿子，并在合适的时候让他们完婚，进一步帮助自己实现自己的目标。

这一阴谋的好处显而易见，以至阿格里皮娜在很早的时候，甚至在她和皇帝还没有完婚之前就盘算好了。只有一个障碍，那就是奥克塔维娅已经被许配给了一位尊贵的年轻贵族，叫西拉努斯。阿格里皮娜运用各种手段和花招，最终赢得了充当法官的公务人员的支持，并指使他人控告西拉努斯犯了伤风败俗的罪过。历史学家们说，虽然控告他的证据全都微不足道，但他依然被判了刑。明白自己为何突然招来如此强烈的敌意后，他立刻对自己的处境感到绝望。就在阿格里皮娜和克劳狄乌斯大婚的那个晚上，他在绝望中自杀了。

此后，皇后顺风顺水地完成了自己的计划。她获得了皇帝的同意，给奥克塔维娅和尼禄订了婚，但因为他们太小还不能结婚，婚礼便被推迟了几年。阿格里皮娜和皇帝完婚之后，又过了五年，奥克塔维娅和尼禄成婚,尼禄当时不到十六岁,新娘不到十四岁。

第 6 章　*CHAPTER VI*

皇帝尼禄（54年）

Nero an Emperor (A.D. 54)

大概在奥克塔维娅和尼禄结婚一年后，皇帝克劳狄乌斯病倒了。听到这个消息后，阿格里皮娜既激动又高兴。她想，如果皇帝病死，她的儿子就能立即继位。她费尽心思，精心安排，为的就是这个结果，而现在万事俱备，只等皇帝驾崩。

尼禄的确还很小，但那时对一个像他那般年纪的人来说，他的身心已经异乎寻常的成熟，人们也已经习惯了拿他当大人看。为了让儿子看上去更成熟，更有男子汉气概，阿格里皮娜用了很多方法，其中包括让他去罗马广场演讲。他在那里做了好几回演讲，都非常成功。因为他在演讲艺术的学习中得到了很好的指点。他长相俊朗、魅力无穷、举止得体、气度不凡、表情生动、聪慧伶俐，特别是他的能力让他充满自信，从而显得沉着冷静、泰然自若，因此他给大家留下了良好的印象。事实上，人们很愿意对地位和身份如此显赫的一位年轻演说家的努力及展示的能力表示满意与赞赏，尽管他还如此年轻，但从某种程度来说，根据他的表现来看，他们给他的赞誉是理所应当的。

因此，想到儿子现在在人们心中的地位还远不能确保有朝一日能成为皇位的继承人，阿格里皮娜就只得等待丈夫死亡。因此，他的疾病让她激动不已，充满希望。除了野心勃勃地想让儿子继承皇位，她还盼着克劳狄乌斯赶紧死去。好几个月来，她一直担忧自身的安全。她对克劳狄乌斯的控制起初是绝对的和至高无上的，后来却逐渐减弱了。她担心过不了几个月就会完全失去对他的控制。事实上，她有理由相信，克劳狄乌斯对她暗生恨意。为了使自己的亲生儿子取代尼禄，并恢复他应得的显赫地位，克劳狄乌斯正在反复考虑夺去她和她儿子的权势，就像从前那样把他们贬为庶人。阿格里皮娜心怀野心勃勃的计划，背地里也干过很多丧尽天良、罪不可赦的勾当。她常常感到内疚和自责。现在任何小小的危险的暗示都会让她恐惧不已。有人告诉她，一天在谈到一个被定罪的女人时，克劳狄乌斯说他很不幸地娶到了行为不检点的妻子，但他最终会让她们受到应得的惩罚。听到这样的话，阿格里皮娜吓坏了。她认为这是克劳狄乌斯对她的警告，他正在考虑对她采取致命的行动。

正如她想的那样，她观察到很多迹象，这些迹象都表明克劳狄乌斯开始后悔收养尼禄做继子，从而养虎为患，夺取自己亲生儿子的皇位继承权。他正秘密地试图恢复布里坦尼库斯应有的地位。他越来越关注这个孩子。有一次，在与他交谈并对他的健康和幸福表示了不同寻常的关心后，克劳狄乌斯说道："继续努力，孩子，尽快长大成人。等到时机成熟，我会把我做的一切好好地解释给你听。相信我，最终你会发现一切都会好起来的。"还有一次，克劳狄乌斯告诉布里坦尼库斯很快就会授予他托加长袍，并把他当成一个成年人带到大家面前。克劳狄乌斯说道："然后，罗马人终于有一个真正的王子了。"

实际上，当克劳狄乌斯说这些话时，阿格里皮娜并不在场，但他的一举一动都会及时详细地传到她的耳朵里。她心里充满焦虑和恐慌。她开始担心，除非很快发生什么能让她实现梦想与期待的事情，否则一切最终都会化为痛苦与失望的泡影。当时的情况就是这样，阿格里皮娜听到丈夫生病的消息时，心里别提有多高兴了。她热切地盼望他早点死，并开始考虑她能做什么，以确保或加速这一结果。她想到了下毒，并开始盘算自己敢不敢这么做。如果她决定给丈夫下毒，那用什么样的毒药则是一个非常严肃的问题。如果她用一种烈性的致命毒药，那它产生的效果可能会引起注意，她的罪过就会被发现。如果她用一种性质更温和、效果更缓慢的毒药，以便他慢慢地、不知不觉地死于非命，那他就有时间可以实施秘密计划，不承认收养了尼禄，而把布里坦尼库斯确定为皇位继承人。阿格里皮娜心知肚明，如果克劳狄乌斯死了，让布里坦尼库斯继承了皇位，她本人和她儿子的倒台与毁灭就会立即并不可避免地相继发生。

当时在罗马帝国，有一个著名的用毒高手，叫露卡丝达。她因犯罪而被判了死刑，目前正在坐牢。尽管她已经被判了刑，却因阿格里皮娜的影响而一直没有执行，因为她拥有用毒的技巧和绝活，阿格里皮娜想着有朝一日她可能会派上用场。现在，阿格里皮娜决定去咨询露卡丝达，问她是否知道有什么毒能对大脑和思维产生奇效，以便让病人立刻停止所有思维活动，并让身体的功能慢慢丧失。露卡丝达给了阿格里皮娜非常肯定的回答。这样的人往往会向他们的顾客提供可能会用到的任何药物。于是，她调了一剂，说它就是阿格里皮娜想要的那一种。阿格里皮娜从她手里接过毒药，转身离开了。

然后，阿格里皮娜去伺候皇帝，设法引诱给皇帝端送食物的仆人哈鲁图斯，让他给皇帝下毒。哈鲁图斯是皇帝的所谓的"品尝员"，也就是说，他的职责就是在他把每一种食品和饮料端给皇帝之前，自己先品尝一下，最直接的目的就是确保食物无毒。然而，这样的预防措施显然有很多避开的方法。这一次，阿格里皮娜和哈鲁图斯计划将毒药下在一盘端给皇帝当晚餐的蘑菇里。通过某种巧妙的安排，品尝员能够避免食用任何有毒的菜品。计划完成后就付诸实施了。皇帝吃了蘑菇，阿格里皮娜战战兢兢地等待着结果。

然而，毒药的效果让她感到失望。是露卡丝达调配的毒药效力不够，还是哈鲁图斯太紧张而没能有效地把毒药下进皇帝的饭菜里？总之，皇帝后来好像和以前一样病恹恹的，但并没有出现新的或更危重的症状。当然了，阿格里皮娜心里七上八下，忧惧不安。虽然试图毒死自己的丈夫必然会招来内疚和危险，但她已经没有退路了。她想，开弓没有回头箭，现在无论如何都要冒险将已经开始的事情进行到底。她立刻开始想方设法地带着毒药接近皇帝。这一次将完全避开品尝员，这样一来，品尝员就不大可能出于对主人的忠诚或自己的恐惧而对她横加干涉。因此，她去找太医，想办法获得了他们的支持。他们制订了一个计划，这个计划对实现她的阴谋非常有效。他们是这样设计的：皇帝病恹恹地躺在沙发上，正在伤心忧虑时，太医来到他面前，建议他张开嘴，然后用一片羽毛的顶端轻触他的喉咙，促使他呕吐。太医们会说，这会减轻皇帝的病痛。羽毛之前被浸泡在致命的毒药里。皇帝同意了这种疗法，这次毒药见效了，克劳狄乌斯度过了痛苦的一晚，凌晨便一命呜呼了。

克劳狄乌斯停止垂死的挣扎后，阿格里皮娜很满意他的生命终于终结了。那一刻，她体验到从未有过的满足和放松。我们或许会以为，犯了罪的人尽管不再焦虑担忧，但悔恨与自责带来的痛苦会如影随形。事实却并非如此。阿格里皮娜还有很多事要做，她已经做好了充分的准备，承担危机带来的所有责任。下毒在夜里实施，药性发作是在天刚破晓时，她丈夫的死发生在清晨。阿格里皮娜立刻意识到，要达到她计划好的目的，最有效的方法就是不能让"宣布皇帝驾崩"和"让儿子即位"这两件事情之间有时间差。换句话说，这两件事情必须同时进行。因为如果先宣布皇帝驾崩，罗马人自然会讨论皇位是由尼禄还是由布里坦尼库斯继承，结果可能会形成一个强烈要求立布里坦尼库斯为新皇帝的强大党派。因此，她决定，隐瞒丈夫死亡的消息直到正午，此时最适合公开宣布大事：养父

克劳狄乌斯毒发身亡

驾崩，养子即位。

于是，阿格里皮娜立刻采取果断的措施，封锁皇帝驾崩的消息。在皇帝身边伺候的贴身奴仆实际上不容易被欺骗，但被要求对发生的事情保持沉默，继续服侍皇帝，就跟皇帝活着时一样。来访者被拒之门外。传令兵带着沐浴用品、药品和其他一些用品出出进进，这些东西都是病房里可能会用得到的。早上，元老院的元老们被召集到一起，阿格里皮娜似乎非常悲痛，给他们捎信，告诉他们丈夫生命垂危，恳求他们与罗马城主要的市政官员和祭司一起为皇帝的康复发誓、祈愿、供奉。与此同时，她自己则在皇宫里，从一个房间走到另一个房间，看上去似乎承受着无限的焦虑与悲伤。她一直把布里坦尼库斯和他的姐妹们带在身边，慈爱地把这个男孩搂在怀里，告诉他，她对他父亲的安危忧心忡忡。她把他带在身边，其实是为了防止那些拥护布里坦尼库斯继承皇位的人在得知皇帝驾崩后会带走他，并把他送到军营里去。为了进一步防止这种可能，阿格里皮娜在皇宫周围安排了一队卫兵，命令他们严密把守通往皇宫的所有道路和出口。她认为自己能够完全依靠她精挑细选的卫队。她在皇宫时，卫兵们可以保护她；当她出来宣布皇帝驾崩的消息时，由他们宣布尼禄即位。

到了正午，阿格里皮娜感到时机成熟了，就把布里坦尼库斯和其姐妹们送到皇宫中一个安全的房间里监管了起来。然后，她命令士兵打开宫门，准备出来宣告皇帝驾崩的消息，并把尼禄作为皇帝的合法继承人推到军队和罗马民众面前。在这些准备工作中，有很多官员和随从支持和帮助她，其中有两个人——她决定等尼禄即位后，让他们做他的左膀右臂，他们就是赛内加和布鲁斯。赛内加担任首相，布鲁斯担任最高军事统帅。

这两个人长期以来为阿格里皮娜和尼禄服务。赛内加现年五十多岁，是一位非常杰出的学者和雄辩家，他那汗牛充栋的作品让他流芳百世。卡利古拉执政期间，赛内加开始去罗马广场做公众发言人。卡利古拉驾崩后，克劳狄乌斯上台，在其执政的第一年，赛内加惹恼了皇帝，被流放到科西嘉岛，在那里默默无闻地过了八年。后来，梅萨利纳被处死，克劳狄乌斯娶了阿格里皮娜后，赛内加才在阿格里皮娜的干预下，获得赦免并被召回罗马城。从那以后，他就对皇后和她儿子忠心耿耿。阿格里皮娜任命他为尼禄的导师，授权他负责尼禄的所有学习任务，把尼禄培养成为一名合格的公共演说家。她现在既然试图扶植儿子登基，就打算让这位哲学家当他的首相。

布鲁斯是卫队指挥官，或者按照当时对其职位的称呼，叫禁卫军长官。卫兵的职责就是专门服侍、护送或保卫皇帝，由十个步兵大队组成，每一个步兵大队大约有一千人。禁卫军的士兵们当然都是从全军挑选出来的，他们的武器、军装和其他行头的成本高昂，他们是世界上最威武的军人。他们的津贴是普通士兵的两倍，并享有特权。他们接受严格的训练，绝对服从当政的皇帝，忠贞不二。当然，这样的一支军队会被其他军队高看一眼，因为在地位和报酬方面与普通军队相比具有绝对优势。指挥它的主帅也比其他军队的指挥官地位更高，可谓一人之下，万人之上。阿格里皮娜利用自己对皇帝的影响力，设法将布鲁斯提拔到这个高位。他以前就是阿格里皮娜的拥护者。通过阿格里皮娜得到这一任命后，布鲁斯对她更是披肝沥胆。现在，阿格里皮娜依靠布鲁斯控制禁卫军，支持她的儿子。

因此，到了克劳狄乌斯驾崩的那天正午，一切准备就绪，宫门大开，在布鲁斯和其他随从的陪伴下，阿格里皮娜带着儿子走了出来。那一天当值的禁卫军大队士兵全副武装地在宫门口列队待命。布鲁斯把尼禄作为克劳狄乌斯的继承人带到他们面前，在他的暗示下，他们群起高呼万岁。少数士兵并没有加入欢呼之列，而是冷眼旁观，然后相互询问布里坦尼库斯怎么办。但没人能回答这个问题。由于没人站出来要求布里坦尼库斯继承皇位或为他说话，整支禁卫军最终默认了在布鲁斯煽动下的由大多数人做出的决定。有人抬来一个肩舆，让尼禄坐在上面。他就这样被士兵们抬着穿过罗马城的街道，在禁卫军大队的护送下，来到了军营。队伍行进途中，士兵们和民众欢呼雷动，热闹非凡。

队伍到达军营后，尼禄被引领到军队面前。军官和士兵们聚集到他周围，他做了一个简短的演讲。演讲稿是赛内加专门为他在这一场合精心准备的。这次演讲的重点是许诺发放一大笔钱，只有靠着这一承诺，才有望获得军队的支持。在任何新皇登基时，士兵们总会期待这样的赏赐。但这次，为了抑制任何潜在的对他即位表示反对的敌对情绪，尼禄许诺要发放相当大的一笔钱。士兵们听说后非常高兴，异口同声地高呼万岁，尊尼禄为新皇帝。稍后，元老院召集会议，确认了军队的选择。这一方面是受被阿格里皮娜买通或拉拢以支持她的几个重要成员的影响；另一方面是由于人们普遍相信布里坦尼库斯不可能成功即位。首都的政局发生变化的消息慢慢传遍意大利和罗马帝国更远的地方后，各行省、各军团一个接一个地默认了这一结果。因为一方面，他们没有强烈的反对动机；另一方面，单个军团也没有力量做出有效的抵抗。就这样，年仅十七岁的尼禄成了几乎控制半个世界的罗马皇帝。

然而，儿子独自掌握如此大的权力，绝不是阿格里皮娜的初衷。她用计谋、耍花招把尼禄推上如此高位，是为了实现个人野心，而不是母亲为儿子的前途着想。是她要统治帝国，而不是他。她只是把他作为名义上的君主推向前台，以便她能以他的名义行使权力。她的计划是要保证自己的权势。通过如此安排和引导事态的发展，小皇帝本人反倒几乎无事可做了，实际上成了摆设。政府的职责被各级官员履行，他们由阿格里皮娜亲自任命或维持原职。由于知道要靠阿格里皮娜的影响才能升官，他们自然对她唯命是从。她想，尼禄少不更事，很容易就能让他默认这样的安排，特别是当他沉溺于玩乐时。无论这些享受是正当的，还是不正当的，作为皇帝，他都有权得到，并且这些享受对他这种性格和年龄的人来说极具诱惑力。

阿格里皮娜做的第一件事就是为克劳狄乌斯举办一场规模盛大、令人难忘的葬礼，以此证明她对丈夫深深的爱，以及他的逝世给她带来了多么深切的悲痛。这场葬礼的准备工作广泛又充分。葬礼当天，罗马城举行了盛大的仪式，并组织了浩浩荡荡的送葬队伍。据说，类似这样的景象和场面史无前例。在葬礼举行的过程中，尼禄向聚集到一起的民众宣读了一篇由赛内加执笔的悼文。这是一篇对逝者歌功颂德的华丽颂词，文章妙笔生花，字字珠玑：从他显赫的出身、崇高的地位，写到他对文学艺术的品位及他当政期间的国泰民安。要为一个像克劳狄乌斯这样的人写一篇颂辞，事实证明的确不是一件容易的事，但赛内加驾轻就熟地完成了它，在这样庄严的时刻，民众们严肃地倾听着，直到最后，当演说家尼禄开始讲到克劳狄乌斯的判断力和政治智慧时，听众们发现自己再也无法保持庄重得体的形象了。他们先是相视无言，接着忍俊不禁，最后哄堂大笑。年轻的演说家虽然因此时的被打断而感到有些窘迫，但很快就恢复了镇静，完成了自己的演讲。

葬礼结束后，元老院集会，尼禄出现在元老面前，做就职演说。这篇演说稿不用说，自然也是赛内加在阿格里皮娜的授意下为他准备的。经过反复又缜密的考虑，阿格里皮娜确定了最明智的发言内容。她清楚地知道，除非她儿子的权力得到确立与巩固，否则他就得夹起尾巴做人，也就是要装出一副谦虚谨慎的样子，对元老们表示倚重，并对他们的权力和特权表示尊敬。因此，尼禄在元老院的发言中说，为了显示君主的气度，他同意遵从他的父亲，也就是先皇的意志，倾听军队的普遍要求，尊重人民的普选权。他不会乱用权力，而是要授权给元老院及罗马帝国的各级民政官员。他认为自己仅仅是帝国军队的统帅，因此，他的职责是执行国家的意志。同时，他承诺对政府机构进行彻头彻尾的改革，旨在进一步减少君主的权力，并保护人民免受军事力量的压迫。总之，他说革新并简化政府机构使之恢复原有的廉明公正，并依照原本由帝国的缔造者制定的罗马宪法的原则进行严格的统一管理，是他的既定目标。这样一来，尼禄对元老院做出的承诺和宣扬的主张，或者更确切地说，他遵照他母亲和赛内加的口授而向元老院背诵的承诺和主张，让所有听众十分满意，而让所有反对他即位的人大失所望。发现自己成功又圆满地实现了所有目标后，阿格里皮娜终于卸掉了紧张，笑逐颜开了。

尼禄的权威就这样得到了普遍的认可。阿格里皮娜开始紧锣密鼓地采取一系列措施确保所有实权掌握在自己手中，仅给儿子留下一个皇帝的空头名号。她与他出现在所有公共场合，与他共享皇帝的仪仗和印玺，他们在皇权方面似乎也是共享的。她接收急报，批阅并回复奏折。她考虑并决定国家大事，发布命令。她通过武力或下毒，将几个她认为有可能支持和袒护布里坦尼库斯，或者至少秘密支持布里坦尼库斯即位的极具影响力的人处死。要不是赛内加和布鲁斯施加影响，极力阻挠，她可能还会通过这种方式杀害更多人。她通常都是以尼禄的名义，以一种谨慎又秘密的方式做这些事情，以便一开始不会因明目张胆而引起别人对她的注意。她知道，如果太过分，就会招来人们对她的抵制和反对。因为罗马公众的情绪总是极力反对男人以任何形式屈从于女人的管理，简而言之，就是反对女人干预政治。因此，阿格里皮娜并没有公开地在元老院主持会议，但有时会将元老院的会议安排在皇宫的一个房间里召开，这样她就能够参会。会议期间，她坐在隔壁的一个小房间里，门口用帘子或屏风隔开，听他们讨论，这就是所谓的垂帘听政。但即便如此，她还是遭到了一些元老的强烈反对。他们认为阿格里皮娜如此安排，列席他们的会议，目的是想吓唬他们，让他们支持她可能会提出的措施，或者对他们的提议指手画脚。她这么做严重地妨碍了他们议政的自由。有一次，阿格里皮娜做出了更大胆的尝试，她走进了皇帝接见外国使者的大厅，好像接见他们也是她的职责之一。看到她进来后，她的皇帝儿子和他身边的政府官员一时间惊讶不已，竟然不知道该怎么办。然而，赛内加沉着冷静地对尼禄说："陛下，您的母后大人驾到，快去迎接。"于是，尼禄起身离开座椅，在大臣们的陪伴下恭敬顺从地前去迎接自己的母亲。当阿格里皮娜待在那里时，在场的所有人的注意力都集中在她一个人身上，就像是对待一个无比尊贵、受人敬重的客人似的。他们被召集起来商讨的国家大事，因她的缘故而暂时停了下来，直到她离开，他们才又继续商讨。

尽管偶尔会出现类似的困难和尴尬，但一切都按照阿格里皮娜的希望和计划顺利进行。尼禄年少无知，起初并没有阻挠或抵制自己母亲的行为的倾向。然而，随着他渐渐长大，他很快便怨恨起她对他的控制与管束，开始擅自做主，独断专行。我们不难想象，如此一来，母子之间为了争夺权力，必然会发生激烈的冲突。他们的冲突及冲突的终结将会在接下来的两章中讲述。

第 7 章 *CHAPTER VII*

布里坦尼库斯（54年至55年）

Britannicus (A.D. 54—55)

当阿格里皮娜发现尼禄偷偷地不合规矩地迷恋上一个叫阿克提的年轻宫女时，母子之间的第一次公开冲突爆发了。阿克提原是来自小亚细亚的一个奴隶，很有可能是由于美貌，她在那里被人买下来并送到了罗马皇宫。随后，她获得了自由，但依然留在宫中，成了阿格里皮娜的侍女。尼禄从来没有深爱过奥克塔维娅。他总认为自己的婚姻只是母亲的政治手段之一，觉得自己不必对妻子负任何责任。再说了，他虽然看上去异乎寻常的成熟，但实际上还只是个没长大的孩子，过惯了穷奢极欲、淫逸放纵的生活。

这位年轻的皇帝，此时与几个浪荡公子混在一起。受他们的影响和教唆，他开始走上腐化堕落的歪路。其中有两个恶贯满盈的年轻人对他的影响极大，他们是奥索和西奈西乌。奥索出身名门望族，在罗马帝国有很高的社会地位；而西奈西乌出身低贱，他父亲是一个被解放的奴隶。然而，这三个地位悬殊、年龄相当的小伙子，放浪形骸之外，无法无天的程度不相上下。他们厮混在一起，追求享乐放纵、淫逸邪恶的生活。尼禄把他们当成心腹，把自己深爱阿克提的事情告诉了他们。从很大程度上来说，在他们的帮助和配合下，他最终达到了自己的目的。

得知尼禄迷恋阿克提及他们之间的私情后，赛内加和布鲁斯起初非常困惑，感到不知所措。他们本身就是德高望重、品质高洁的人。尼禄曾经是他们的弟子，现在身为他的大臣，从某种程度来说，他依然受他们的管束。一方面他们想，对他做的事情加以告诫，努力将他与那些臭名昭著的同伴分开，如果有可能，说服他回到奥克塔维娅身边，这些都是他们的职责。然而，另一方面，他们都认为，无论他们做什么样的努力，想要控制像尼禄这样一个狂放不羁、胆大包天的人，一定是徒劳无功的。他们想，即便没有阿克提，他也必然会沉迷于其他放纵与恶行之中。这么看来，他与阿克提的私情也算不上什么大不了的事情。总的来说，他们决定顺其自然，不予干涉。

然而，阿格里皮娜不想就这么算了。在慢慢了解到儿子对阿克提的迷恋后,她感到非常不安和惊慌。但她的不安和惊慌并非出自母亲对儿子的那种牵挂与担忧,希望他成为一个道德高尚的人,而是源自对自己权力的担忧。她担心受到皇帝宠爱的阿克提会获得优势和影响力,从而使她失去实权。阿格里皮娜心里明镜似的,有时候,一个受皇帝宠爱的女人,她的控制力和影响力是无法估量的,自己的地位有可能会被阿克提取代,权势有可能会被她夺走。一想到这些危险,阿格里皮娜就胆战心惊。

阿格里皮娜脾气暴戾,飞扬跋扈,长久以来习惯了用高压手段管理身边的人。现在,她没有考虑尼禄已经长大成人,不能再把他当小孩子看待了,而是立刻对他进行了最严厉的谴责并要求他马上断绝与阿克提的关系。尼禄强烈反对,断然拒绝服从她的命令。阿格里皮娜被激怒了,整个皇宫都回响着她的抱怨与咒骂。她指责尼禄卑鄙无耻、忘恩负义。她说为了让他当上皇帝,长期以来她做了不懈的努力与无私的牺牲,而他不思报答,现在反倒把对她的信任转移到了这个小贱人身上；还指责他对奥克塔维娅不忠，抛弃自己合法的妻子，去和一个被释奴交往。阿格里皮娜的这些斥责十分严厉。她不停地责骂，暴跳如雷，咆哮怒吼——这显然是在丧失理智、情绪失控的冲动下才会有的行为。她的确丧失了理智，因为她这种做法显然与她既定的目标背道而驰。

最后，在情绪平复后，她开始反思，就像人们从暴怒中恢复过来常常会做的那样，终于明白这么大发雷霆只会给自己带来不幸和灾难。这么一想，她的气就消了一大半，从高声叫骂变成了低声咕哝。最后，她完全安静并沉默下来。她决定不再毫无意义地乱发脾气，而是平心静气地考虑怎样做才最好。

她很快便做出决定，对她来说，最明智、最讲究策略的做法就是投儿子之所好，通过支持和帮助，让他心满意足，从而努力确保自己对他的支配。因此，她逐渐改变了对他说话的语气，开始对他用亲昵的称呼。她说，毕竟在他这个年纪，情爱是非常自然的事情，他的高位为他免除了一些强加给普通人的责任和义务。她还说，阿克提的确是个漂亮女孩，所以尼禄喜欢她，她并不会感到吃惊。他放纵的爱情事实上伴随着困难和危险，但如果他把这件事交给她来安排，她就能采取预防措施，一切都会顺利进行。她为自己当初那么激动而道歉，并解释说自己是因为担心儿子未来的幸福与快乐，出于一位母亲常常会有的对儿子喜欢的女人的嫉妒和防备，这才火冒三丈。她还说，她现在很高兴与他看法一致，并愿意助他一臂之力。她把自己在皇宫里的一幢私人公寓给他使用，以便他能和阿克提在此幽会。她说通过这样的安排，加上她预先采取的措施，他就能随时和心上人见面，而不会被打扰，也不会有危险。

尼禄自然把母亲的这些话都跟自己的心腹说了。他们自然建议他千万不要相信这些话，也不要以任何方式信任她。他们说："这都是她想让你乖乖听话而耍的花招，任何有勇气、有自尊的小伙子，都不会屈辱地接受母亲的掌控。"这个年少的浪子听了同伴的建议，拒绝了母亲的提议。他继续与阿克提交往，但尽可能地避开他的母亲。

然而，如果有可能，他还是希望避免与母亲公开争吵，所以他在行为举止方面努力对她表现出关切与敬重，但有关阿克提的事情他不愿再相信她。然而，这些泛泛的关心不足以让阿格里皮娜感到满意。阿克提的影响才是她担心的，她清楚地知道自己的权力正面临被削弱、被剥夺的危险，除非她能找到办法把儿子与阿克提控制在自己手里。于是，尼禄和母亲之间短暂的平静似乎只是休战，但这种休战状态最后突然被尼禄做的一件事情中止了——他原本是想通过这件事对她表达和解的美意，没承想弄巧成拙。结果证明，这件事的确又一次让阿格里皮娜暴跳如雷，并且比上一次发作得更激烈。

罗马皇宫里珍宝无数。除此之外，似乎还有一大衣柜成本高昂的女装和饰品，适合皇帝的母亲和后妃们穿戴。尼禄想从这些收藏品中挑出一些作为礼物送给母亲。最后，他选了一件华美的礼服，以及大量的珠宝首饰，并把它们送给了阿格里皮娜。然而，这些礼物并没有让她感到高兴，她把它们看作对自己的冒犯。长期以来，她已经习惯了把自己看成皇室最重要的人物，导致她认为所有这些东西都理所当然是属于她的。因此，她认为，尼禄这么正式地送她一小部分珠宝，这种做法很不合理，也很无礼，是有意要告诉她，剩下的珠宝都是他的个人财产，所以只能由他来支配。因此，她对尼禄的馈赠并未感到满意，而是又一次被激怒了。她对尼禄的痛骂被人原原本本地报给了皇帝。这重新燃起了他心中的愤怒与憎恨，因此，母子感情的裂隙更大了。

事实上，尼禄心中清楚，如果他想得到的不光是权力的空壳，那他就必须立刻采取有效的措施浇灭母亲专横跋扈、野心勃勃的气焰。经过反复思忖与盘算，他最后决定，对他来说有可能采取的最果断的措施就是罢免一个叫帕勒斯的官员。他是多年以前通过阿格里皮娜进入官场的，现在是她行使政治权力的主要代理人之一。帕勒斯是财政

阿格里皮娜得到尼禄送来的珠宝

部部长，通过管理国家财政而积累了巨额财富。有一次，当克劳狄乌斯抱怨财政吃紧、国库亏空时，有人回答说，他如果能说服财政部部长捐献自己的部分财产，就很快会变得足够富有。

正如前面说过的那样，帕勒斯起初是在阿格里皮娜的帮助下才步入仕途的，并且过去一直是阿格里皮娜在所有政治阴谋中的主要依靠。在促成她与克劳狄乌斯的婚姻的过程中，他起到了非常积极的作用，并在所有后续行动中与她联手。尼禄认为，帕勒斯现在是母亲主要的支持者和同盟者。因此，尼禄决定免去他的官职。为了说服他乖乖退休，也为了息事宁人，尼禄同意不调查他的财产状况，但一切都应被双方看成是公平的，并且不能反悔。帕勒斯接受了这个建议。在整个为官生涯中，他一直过得辉煌灿烂。现在卸任了，他离开了皇宫。他还带着许多随从，排场很大，浩浩荡荡，这引起了普遍的关注。民众认为，就尼禄而言，这件事宣告了从此以后，将由他本人而不是他母亲掌握国家大权。这样一来，阿格里皮娜一下子感到自己在公众心目中的地位一落千丈了。

当然了,她又一次被激怒了。尽管完全无力抵抗,但她在皇宫里怒气冲冲地来回走动,高声指责叫骂,发泄着怨恨与怒火。

在大发脾气的过程中,她言辞激烈地痛斥自己的儿子,用她自己的话说就是他残酷无情、忘恩负义。她说他能当上皇帝全是她的功劳。这么多年来,她不断努力,做出了最大的牺牲,甚至犯下了十恶不赦的罪过,才把他扶上皇帝的宝座。现在,他一当上皇帝,屁股一坐稳,就立刻卑鄙无耻、忘恩负义地反对曾经帮扶过他的人。她说,尽管他以为自己已经坐稳了江山,但她会让他知道,她的权力还是会令人畏惧的。布里坦尼库斯还活着,毕竟他才是合法的继承人。既然她的儿子证明自己不值得她为他做出努力和牺牲,她就决定立刻采取措施,把当初不公正地从布里坦尼库斯手里夺走的东西还给他。她打算把与尼禄继承皇位有关的所有黑幕昭告天下。她会告诉人们,她是凭借什么手段才成功地嫁给克劳狄乌斯,尼禄又是怎样才被克劳狄乌斯收养并被立为继承人的。她会承认自己谋杀了克劳狄乌斯，以及她为了自己的儿子又是如何篡夺皇位的。如此一来，尼禄就会被废黜，布里坦尼库斯就会即位。那么，尼禄对母亲做出的忘恩负义、背信弃义的无耻行为就会遭到报应。她宣布，她将立刻实施这一计划。她会把布里坦尼库斯带到军营里，以他的名义号令军队。布鲁斯和赛内加也会响应她的号召。她那忤逆不孝、背信弃义的儿子会马上脱袍退位。

然而，阿格里皮娜的这些话，并不是她头脑清醒时真正想说的心里话，而是在这种情况下，被狂怒和无能为力冲昏了头脑后，不假思索就脱口而出的威胁和谴责。她绝对不可能去实施像自己威胁的那样、如此不计后果的计划，因为如果她真的怀有这种想法，她在计划实施的过程中就绝不会声张。

然而，尽管这些威胁和谴责显然是由于暂时、轻率的怒火导致的，并且很快会慢慢地平息下去，但它们在尼禄的心里留下了挥之不去的阴影。首先,他很生气母亲竟敢说出这样的话;其次,至少她有可能会把这些话付诸实施,因为没有人能预见她那不顾一切的疯狂会促使她做出什么事来。此外,就算阿格里皮娜的憎恨会慢慢消退,就算她完全不可能实施她的那些威胁,尼禄也非常不情愿就这样处在自己母亲的控制之下,不断遭受她暴虐的脾气的虐待,因为她喜怒无常,随时都有可能大发雷霆。因此,母亲说出的那些威胁让他极度焦虑不安,心神不宁。

恰在此时发生了一件本身微不足道,却让尼禄感到既妒火中烧,又惶惶不安的事情。在皇宫里举行的社交集会上,人们似乎已经习惯了时不时地用各种游戏来娱乐自己,有一种游戏是他们过去常常玩的,叫"谁该当王"。在这个游戏中,先抽签决定一名伙伴来当国王,然后其他所有人都必须服从,通过这种方法选出的国王可以发出任何命令。当然了,游戏成功与否得看这位国王在指示自己的臣民执行命令时体现出来的技巧和智谋——这才是最有趣、最能让伙伴们发笑的地方。如果有人不服从命令，游戏规则中并没有说明会有什么样的惩罚，因为每个人都被认为一定会服从国王的命令。当然了，前提是，这位国王要求自己的臣民所做的事必须在其权限范围内。

尼禄本人似乎也很喜欢这个游戏。一天傍晚，当一伙人在他的宫殿里玩游戏时，正好尼禄抽到了当皇帝的签。当轮到布里坦尼库斯接受命令时，尼禄命令他走到房子正中央，为大家唱一首歌。对于像布里坦尼库斯这么年幼的孩子来说，这真是个非常苛刻的要求，他还不太习惯积极地参与这么欢乐的群体游戏。尼禄这么做被认为是出于敌意，想让他当众出丑，从而戏弄一下弟弟。因为布里坦尼库斯只有两个选择：要么违抗国王的命令而中断游戏，要么唱不出歌来让人嘲笑。

然而，让所有人感到吃惊的是，布里坦尼库斯既没有犹豫也没有尴尬地就从座位上站起来，走过去站在房间正中央。所有人的目光都聚集在他身上，房间里顿时安静下来，鸦雀无声。

他开始放声歌唱，唱的是一首挽歌，以平实的语言和凄凉的曲调演绎了一位被别人通过不正当手段从祖先的王位上排挤掉的年少王子心中的哀伤和悲惨的境况。所有人都静静地倾听着，一开始就被那男孩朴实无华的音乐及他的风采和魅力迷住了。布里坦尼库斯继续歌唱，人们开始感觉到他唱的恰恰就是他自己的境遇，所有人都对他产生了同情和怜悯。他唱完回到座位上后，人们虽然忍住没有鼓掌，却低声喝彩。这样的场面影响了尼禄的心情，让他感到气愤。他一言不发，心里却在凶狠地威胁并谴责着这个让他嫉妒的对象。现在，他不得不比以前任何时候都更小心地把他视为危险又可怕的对手。他决定让布里坦尼库斯死。

在考虑采取什么方式达到自己的目的时，尼禄认为最慎重也最明智的方法就是下毒。没有任何借口可以控告小王子犯了罪，尼禄也不敢公开动粗。因此，他决定下毒，并让露卡丝达准备毒药。

读者还记得，露卡丝达就是那个阿格里皮娜雇来谋杀自己丈夫克劳狄乌斯的女人。她因犯罪而被判处死刑，作为罪犯还在羁押中，被一个叫波利乌的上尉监管着。波利乌是一名禁卫军军官。为了达到自己的目的，尼禄派人去叫波利乌，指示他从这名囚犯那里获取一剂毒药。毒药准备好之后，不久就派上了用场。尼禄派人把毒药给了布里坦尼库斯的贴身仆人，并命令他们必须给他下毒。然而，这并没有产生预期的效果。是因为露卡丝达准备的毒药毒性太小，还是因为那些收到毒药并被命令下毒的人没有真正实施，我们就不得而知了。总之，下毒失败了。尼禄非常愤怒，派人去叫波利乌，质问、痛斥并威胁他；至于露卡丝达，他宣布立刻执行死刑。他说他们都是卑鄙的胆小鬼，没有勇气去尽自己的本分。波利乌赌咒发誓，说自己可以为了皇帝披肝沥胆，赴汤蹈火，在所不辞。他向尼禄保证下毒失败完全是因为某种偶然的原因，如果皇帝能再给露卡丝达一次机会让她试验，他敢保证她会准备一剂毒药让布里坦尼库斯立刻毙命，就像用匕首刺杀那么快。

尼禄命令他立刻行动，并派人去将露卡丝达带来。接着，尼禄把她与波利乌一起关在与皇帝的寝宫相邻的一个公寓里，命令他们在那里制造毒药，然后尽快下毒。他们能不能活命，就看下毒的结果如何了。毒药很快就准备好了，但实施下毒计划有一定难度，因为像这样气味强烈的毒药，可能会被布里坦尼库斯闻到，从而引起他的警觉，他就不会再服下毒药了。为了排除这一困难，露卡丝达与波利乌狡猾地制订了下面的计划：

他们把毒药准备好之后，先是与冷水混合，然后放进装有凉水的罐子里，这个装凉水的罐子通常放在布里坦尼库斯进餐的房间里。进餐时间到了，尼禄走进来，坐在房间里的一个沙发上，密切关注事情的进展。有人端来一些肉汤作为王子的晚餐，品尝食物的仆人像往常那样品尝过肉汤后，就把它递给了王子。布里坦尼库斯尝了一口，发现肉汤很烫，这是尼禄故意命人做的。布里坦尼库斯把它递回给仆人，让他去冷却一下。仆人把它拿到水罐旁，用有毒的水冷却肉汤，然后又把它递给布里坦尼库斯，却没有让品尝者再尝一下。布里坦尼库斯喝下了肉汤，几分钟后，致命的后果就产生了。不幸的受害者突然倒在地上，昏了过去。他的眼神呆滞，四肢瘫痪，呼吸短促，浑身抽搐。仆人们冲上去帮他，但他的生命迹象正在迅速消失。他突然的发病让仆人们瞠目结舌。他们还没有从震惊中缓过劲儿来，就发现他已经停止了呼吸。

这件事在皇宫里引起了轩然大波。转眼之间，阿格里皮娜就被叫了过来。当站在死去的布里坦尼库斯身旁时，她惊恐万分，悲伤不已。而恰恰相反，尼禄似乎不为所动。他说道："这只是他又一次犯了癫痫。布里坦尼库斯从婴儿时期就已经习惯了，很快就会好起来的。"

然而，当人们对布里坦尼库斯的死亡不再有任何疑问时，尼禄立刻开始准备埋葬他。尽管作恶多端、犯下这样的罪过，但由于内疚，尼禄急于将布里坦尼库斯的所有痕迹和物件全部从他的视野里清除。此外，他害怕如果按照通常的惯例安排公开的葬礼，罗马人会怀疑布里坦尼库斯死亡的真相，然后合伙报复他的恶行。他知道，任何可能的倾向都会在公开的葬礼上，因群情激愤而得到很多人的大力支持。于是，他决定立刻埋掉布里坦尼库斯的尸体。

尼禄之所以急着要埋掉布里坦尼库斯的尸体，其实还有一个原因。露卡丝达给布里坦尼库斯下的那种毒药，其特性之一就是，受害者死后不久身体会发黑。实际上，在殡葬之前，布里坦尼库斯尸体的面部就已经开始变色。这种现象可能会暴露他的罪行。以防万一，尼禄命人将布里坦尼库斯尸体的面部，涂上当时宫里女子使用的化妆品。这样一来，死者的面部就恢复了原本的肤色，后来也再没有发生变化，但尼禄依然很着急，想早早地埋掉尸体。

因此，尼禄当天夜里就准备把布里坦尼库斯的尸体埋在战神广场——一个位于罗马城辖区内的大型阅兵场。那天夜里，伸手不见五指，除此之外，在埋葬布里坦尼库斯的过程中，狂风大作，暴雨如注。因此，直到第二天，罗马城里也没有几个人知道究竟发生了什么事。然而，狂风暴雨一方面有助于尼禄完成秘密埋葬布里坦尼库斯的计划，另一方面也十分不利于他,因为尸体的面部被暴雨淋湿,化妆品也被冲掉,发黑的皮肤露了出来。就这样,埋葬尸体的仆人们知道了这个男孩是被人毒死的。

第二天早上,皇帝发布了一道告示,宣称自己的弟弟已经去世并入土为安,号召罗马元老院和罗马民众对他遭受的丧亲之痛表示同情和支持。

布里坦尼库斯死时年仅十四岁。

第 8 章　　*CHAPTER VIII*

阿格里皮娜的命运（55年至60年）

The Fate of Agrippina (A.D. 55—60)

然而，无论别人怎么看待布里坦尼库斯的死亡，尼禄为此做出的解释及掩饰都骗不了阿格里皮娜，她太了解真实情况了。这件事让她的心情非常矛盾，真是百感交集，心烦意乱。尽管激烈的争吵妨碍了她和皇帝的交流，但他还是她儿子。就算她的失望时不时地激起她心中的憎恨与敌意，她还是那么爱他。现在，她的野心比以往任何时候都更让她感到失望。布里坦尼库斯的死亡似乎让她永远失去了操控尼禄的一线希望，而杀掉他的人还是她儿子。对这个儿子，她只能通过母爱来维系与他的关系。但是，他对她所做的那些残酷无情、忘恩负义的事深深地伤害了她。发现自己所有的计划都落了空后，她陷入绝望中，变得气急败坏。

至于尼禄本人，对和母亲重修旧好，他已经不再抱任何希望和幻想。他看得很明白，她的计划和阴谋跟自己水火不相容。为了保证自己的计划能够顺利实施，他现在必须完成他已经开展的行动，即在他的权限范围内，采取一切可能的措施限制或剥夺他母亲的权力。对其他那些他想要安抚的人，比如罗马的要员们，他送给他们昂贵的礼物——房产、钱财、高官、军权——作为贿赂，免得他们张口询问布里坦尼库斯的死亡。对他最担心的那些人，他则把他们调离罗马城去遥远的行省当官。在那里，他们职位荣耀，薪水不菲。

与此同时，阿格里皮娜自己也没闲着。布里坦尼库斯的死亡让她震惊，但一从震惊中回过神来，她就开始考虑报复。尼禄已经对她产生怀疑和警惕并对她进行了各种限制。在种种限制之下，她还是纠集了一小撮拥护者和支持者，秘密又热切地物色所有那些她认为可能会对尼禄感到不满的人。她与奥克塔维娅的关系十分密切。由于布里坦尼库斯的死亡，作为克劳狄乌斯的女儿，奥克塔维娅现在继承了布里坦尼库斯所有世袭的权力。只要阿格里皮娜手中还有权力，她就会千方百计地聚敛财富，利用一切机会结交所有那些容易受她影响的军官，并获得他们的支持。总之，她似乎在策划某个秘密的阴谋，以便重新夺回自己丧失的权力。一直以来，用嫉妒和怀疑的眼睛监视着她的一举一动的尼禄,变得警觉起来。他不知道她的憎恨和野心会让她做出何等孤注一掷的极端之事。

到目前为止,阿格里皮娜一直与尼禄住在皇宫里,她和她的侍从成了他的家眷。当然了,从某种程度来说,也分享了他的部分荣耀。但现在,尼禄下决心让她从皇宫里搬出去独自居住,通过降低住宅的档次,表明她的身份附属于皇帝。这样一来,房子的档次正好和她的身份相配。因此,他把罗马城里的一所宅子赐给她,让她和她所有的侍从搬了过去。这所宅子以前属于皇室的一个宗亲。尼禄又通过各种各样的借口,遣散了许多为她服务的军官和侍从,因为他认为他们对她最忠诚,最有可能与她合起伙来密谋反对他。然后,这些人的位子又被他换成对自己有利并可以信赖的人。他还减少了阿格里皮娜的侍从和卫兵的数量,撤走了习惯于在她门口站岗的哨兵,解散了一支由日耳曼士兵组成的军队,迄今为止,这支军队作为警卫部队,一直由她掌管。总之,他把她从早已习惯了的皇家壮丽奢华的环境中贬到了民间,使她成了罗马帝国的一个平民女子。

郁郁寡欢的阿格里皮娜很快发现,她的地位变了,公众对她的尊敬也相应地变了。她的支持者和朋友被一个个遣散,宾客也日渐减少,真是门前冷落车马稀。皇帝本人有时候会去看望母亲,但每次来时总是带着一大群随从。短暂的礼节性会面之后,他就会像来时一样隆重地离开,这让他的来访看上去仅仅是一个儿子在履行自己的义务而已。总之,阿格里皮娜发现自己被人遗忘了,无依无靠。她的精神状态越来越差,再次变得失望沮丧,忧虑苦闷,懊恼悔恨。

一天晚上,当尼禄在皇宫里痛饮欢宴时,一个叫派瑞斯的著名朝臣,也是尼禄的主要伙伴和宠臣之一,一脸焦急地走进了宴会厅。他告诉皇帝他有一件非同小可的事情要汇报。尼禄随即起身离开宴会厅,听他汇报。派瑞斯告诉他有人发现了一个计划周密、危险重重的阴谋,是阿格里皮娜和她的一些帮凶一起策划的。根据派瑞斯所言,合谋者的目的是要废黜尼禄,然后立一个叫普劳图斯的屋大维的后人为皇帝，取代尼禄。政变一旦成功，阿格里皮娜就会嫁给新皇帝，然后重新获得以前的权力。

派瑞斯的陈述非常详尽，说出了主要合谋者的名字，解释了整个计划。主要证人是宫里一个叫西拉娜的名媛。她是阿格里皮娜的闺密和访客，正是她提供的可靠消息才引起了这场控告。西拉娜和阿格里皮娜曾经是非常要好的朋友，但最近她们之间发生了一场可怕的争吵。因为阿格里皮娜搅黄了西拉娜和一位尊贵的罗马公民之间已经成功了一半的婚姻。这种不怀好意的做法惹恼了西拉娜，结果她就告发了阿格里皮娜。阿格里皮娜是否真的策划了这样的阴谋？是由于阿格里皮娜毁了西拉娜的婚姻给她带来了伤害，从而导致了她的告发，还是西拉娜出于不顾一切的报复的冲动，完全编造了这个故事？这些都不得而知。当时的史学家们倾向于相信第二种说法。

无论事实如何，听完派瑞斯的陈述，尼禄大惊失色，立刻中止了宴会和狂欢，遣散了宾客，召集最信赖的顾问们开会,为他出谋划策。把情况向大家说明后,他宣布:他决定立即宣判他母亲和普劳图斯死刑,并马上派军官前去执行他的命令。然而,布鲁斯竭力劝阻他不要鲁莽冲动。他说道:"目前这些说法仅仅只是控告,我们还没有证据。如果仅凭一个告密者半夜三更来向你讲述了这样一个离奇的、不大可能发生的故事,就立刻想当然地认为这就是事实,然后在激动与惊慌的影响下采取行动,那么当我们一手造成的后果不可挽回时,一定会因鲁莽和冲动而感到后悔。此外,阿格里皮娜是你的母亲。国内最卑贱的人在受到指控时都有权为自己辩护,更何况她呢?现在,阿格里皮娜遭人控告,如果我们剥夺了她为自己辩护的权利,那才真是犯了十恶不赦的重罪。因此,在这种情况下应该推迟宣判,直到我们了解到某些事实。我保证,如果经过公正的审理,这桩控告成立,阿格里皮娜的确图谋不轨,那么我将亲自执行她的死刑。"

经过这样的争论和劝谏,尼禄的情绪慢慢稳

定下来，并决定，对这次紧急事件，等到第二天早上再采取果断的行动。天一亮，在一些充当证人的随行人员的陪同下，布鲁斯和赛内加前往阿格里皮娜的府邸，向她提出这一控告，听她怎么为自己辩解。

因为一大早就被传唤听旨，并且宣旨者的阵势如此吓人，阿格里皮娜起初有些震惊。然而，在听到儿子对自己如此绝情时，她骄傲的精神立刻垮了，代之而来的是绝望和狂怒，以至她不再感到丝毫害怕。因此，在倾听布鲁斯宣布针对她的严重指控时，她显得相当镇定。当他停下来听她回答时，她并没有找借口为自己开脱罪责，以消解皇帝的怒火，而是立刻展开了对自己儿子最严厉和愤怒的痛斥。"他竟然听信这样一个离奇的、不大可能的、对我进行中伤和诬蔑的故事。那个西拉娜，简直就是一个水性杨花、毫无原则的荡妇，因此，她根本就不懂得母爱的伟大和力量，所以才会认为一位母亲有可能会设计陷害自己唯一的儿子。我对此并不感到奇怪，但尼禄竟然相信这样的谣言。

我为他做了这么多，招来这么多的危险，并且为了他能当上皇帝，我放弃并牺牲了一个女人最珍视的东西。事实上，他听信这些谣言，竟然暗怀杀母之心，是可忍，孰不可忍。"由于激动和愤怒，她变得语无伦次。她继续含混不清地说，"他难道不知道？如果，通过任何方式，布里坦尼库斯，或者普劳图斯，或者其他任何人被推上了皇位，那么，我就会因为他做过的那些事而立刻丧命。他难道想不到？为了他，我犯下这么多天理难容、十恶不赦的罪过，以便我能把他推上现在的宝座，我如果帮他的任何一个对手或敌人取代他当皇帝，那无异于自取灭亡。回去告诉他，就说我要与他当面对话。我是他的母亲，我有权要求他亲自来看我，听听我会怎么说。"

尼禄派去审理这桩案子的代表们原以为阿格里皮娜会低声下气、支支吾吾地为自己辩护，但他们听到的回答是愤怒的指责与痛斥，这多少让他们感到有些吃惊。同时，他们被阿格里皮娜那铿锵有力、高亢激昂的语气吓坏了。他们对她说了一些安慰的话语后，就回去向尼禄报告审讯的结果了。

尼禄同意见自己的母亲。在他面前，她说话的语气充满自尊、无辜和委屈，就和在审讯她的代表们面前一样。她不屑为自己洗清罪责，而认为自己是清白无辜的，并要求严惩原告，因为他们犯了难以饶恕的诽谤罪。尼禄相信了母亲的清白，并答应了她的要求。西拉娜和其他两名原告从罗马被流放，还有一名被处死。

这样一来，尼禄和母亲之间再次达成了并不完美的短暂的和平。

这样的状态持续了大约三年。其间，尼禄将帝国的政务交给自己信赖的大臣们和军队的将领们处理，国势还算强盛；然而，一说到他的私生活，真是可悲可叹又一团糟。他白天懒散怠惰，昏昏欲睡，晚上则淫逸放纵，寻衅闹事。他过去常常化装成奴隶，深更半夜和一群同样装扮的伙伴到罗马城的街市上去，吵吵闹闹，滋事斗殴。有时，他们会早早出发，这时街上还有人，店铺还没关，他们随意抓取售卖的货物，以此为乐，并见谁打谁。在这样的嬉戏打闹中，皇帝和其同伙有时会遇到其他团伙，然后就会发生群殴事件。尼禄经常被打得鼻青脸肿，因为他的对手不知道他是谁。有一次，他被打倒，受了重伤，结果他的脸部好长时间都有一道难看的疤。

在这些疯狂的嬉闹中，尽管尼禄通常化了装，但因为他和同伴事后总喜欢四处吹嘘他们的"英勇行为"，所以罗马百姓很快便知道了他们的少年皇帝习惯了混迹于这些午夜的街头斗殴事件当中。当然了，像他这样一个高高在上的人给罗马帝国每一个桀骜不驯、放荡不羁的年轻人树立了榜样，他们满怀激情地模仿他。于是，在午夜的街头斗殴成了时尚。由于暴力团伙的数量越来越多，规模越来越大，街头斗殴也就越来越严重，直到后来尼禄常常会带领一群化了装的士兵和角斗士参加斗殴，让他们远远地跟着他，随叫随到。这样一来，无论何时他需要帮助，他们都能立刻挺身相救。

一年又一年过去了，尼禄就这样放荡不羁，不断追求着感官刺激，一天比一天胆大妄为。他的母亲这些年过得相对清静。她试图管束儿子，却未获成功。她和尼禄的妻子奥克塔维娅走得很近，婆媳关系非常融洽，只要她能做到，就会保护奥克塔维娅免受丈夫尼禄给其带来的伤害和不公正的对待。

　　后来，在邪恶放纵的生活中，少年风流的皇帝结识了宫里一个叫波培娅的女子，她是尼禄的酒肉朋友奥索的妻子。尼禄派奥索去外地办差，以便他能无拘无束地和波培娅交往。后来，波培娅对尼禄的影响如此之大，以致她把他的魂儿完全从奥克塔维娅身边勾走了。她提议他们都和自己的另一半离婚，然后他们再结婚。尼禄想答应这一提议，但阿格里皮娜极力反对。好长一段时间里，尼禄一方面受母亲的影响，并且自己作为丈夫，对妻子还心存一丝半点的眷恋；另一方面，他又禁不住波培娅的诱惑。除了甜言蜜语和迷人的微笑，她还试着通过嘲笑他，以此激起尼禄男子汉的自豪感。用她自己的话说就是："你都是个大小伙儿了，还样样都听你母亲的话。真丢人，真不像个男人。"她问他还要像个小孩似的在他母亲的监护下过多久。她很奇怪他竟能忍受如此让他颜面尽失的束缚。她说，虽然他是个名副其实的皇帝，大半个天下完全受他统治，但事实上，他还是一个乳臭未干的黄口小儿，没有他母亲的许可，他什么也做不了。她还说，看到他过得这么不光彩，她都为他感到害臊；她宣称，除非他能采取积极的措施，把自己从母亲的束缚下解放出来，否则她会永远地离开他，和丈夫去遥远的地方，再也不必看着他丢人现眼。

这些嘲笑和奚落对尼禄的心理造成的影响，似乎因母亲对他的强势态度而放大了。面对自己失意的状况和儿子荒唐的行为，阿格里皮娜的心里似乎越来越绝望，对儿子的态度似乎也越来越严厉，越来越苛刻。总之，皇帝和母亲之间的矛盾变得根深蒂固、不可调和。后来，他干脆对母亲避而不见。最后，他连一点儿尽孝的想法都没有了，并开始在心里盘算，怎样才能搬开她这个绊脚石。

尼禄在脑海中反复考虑各种各样的、能帮自己达到目的的方法。他不敢公开使用暴力，因为他没有借口控告母亲并对其进行刑事宣判。他同时担心，儿子命人处决自己亲生母亲这种灭绝人性的行为及弑母的残忍场面，会给民众的心理造成很大的负面影响。他也不敢用毒，阿格里皮娜对下毒的套路了如指掌，肯定会小心提防他的任何诸如此类的企图。此外，他认为，她习惯了服用特定的解药，她的身体已经变得百毒不侵。

正当尼禄对这件事情冥思苦想、一筹莫展的时候，机会终于来了。罗马以南有个美丽的海湾巴伊亚，那里要举办大型的海军庆祝活动。巴伊亚靠近现在的那不勒斯海湾，在古代，它是罗马贵族的度假胜地，因其美丽的自然风光而闻名于世，到了现代景色依旧。海湾尽头有个美丽的小镇，附近的小山和山谷、沿岸的海角——处处都是精巧别致的乡村别墅，它们是城里有钱人消夏避暑的住所。巴伊亚还是一个大型海军基地，当时有一艘军舰正停泊在那里，或者更确切地说，停泊在几英里之外的米塞努姆海角附近，由一名深得尼禄信任的、名叫阿尼塞图斯的仆人指挥。即将举行的海军庆祝活动就与这艘军舰有关。活动每年都会举办,连续欢庆五天。

尼禄尚在襁褓中时,阿尼塞图斯就是他的贴身仆人。他长大后,他们的关系也一直很亲密。也不知道为什么,阿尼塞图斯和阿格里皮娜水火不容。孩提时,尼禄和母亲之间时不时会发生一些小小的争执。每当这时,阿尼塞图斯总是会站在尼禄这一边。如今,尼禄对阿格里皮娜心怀憎恨,阿尼塞图斯自然同情他。在了解到尼禄想要设计置她于死地时,他想出了一条妙计,并说可以没有后患地达到目的。他建议邀请阿格里皮娜到巴伊亚来,然后在海军举行庆典和演习的过程中,带她乘坐驳船或帆船到海湾里去。他说,他会如此这般地修造这条船,以确保它会在海上破裂散架。他会提前安排好计划拯救其他人,却让阿格里皮娜溺水而亡。

尼禄非常满意这一计划,决定立刻实施。为了这一计划能顺利实施,当庆典的日子逐渐接近时,他假意跟母亲和好,假装现在很乐意让她顺心如意。他乞求她忘记以前对她的种种不孝之举,并向她保证他现在对她的感情完全改变了，还向她表达了无微不至的关怀和真切诚挚的敬爱。一位母亲总是很容易被这样一个不受管教的儿子那貌似浪子回头的郑重声明蒙蔽，阿格里皮娜相信了尼禄对她所说的一切。总之，母子这回似乎真的冰释前嫌了。

后来，当海军庆祝活动的日子马上要到来时，当时正在巴伊亚的尼禄派人给母亲送去了邀请函，请她前来和他一起观看这一盛况。阿格里皮娜非常高兴地接受了邀请。她此时正在安提厄姆——尼禄的出生地。因此，她从那里坐上自己的帆船向南航行。她在巴伊亚附近的一所别墅旁边登岸，尼禄已经恭候在那里迎接她了。他表现出对母亲极大的敬爱与尊重。他在巴伊亚为她提供了临时住所，有一艘豪华的驳船会送她去那里。尼禄的计划是让她登上驳船，而把她自己来时乘坐的那艘帆船停泊在登岸的别墅附近。阿格里皮娜受邀登上的这艘驳船正是阿尼塞图斯为了置她于死地而专门造的。然而，它看上去的确是一艘豪华巨轮，装饰精美绝伦，似乎就是为了显示它将运送的乘客身份之尊贵。

然而，阿格里皮娜并不想登上这艘船，她更愿意从陆路去巴伊亚。这或许是因为，尽管尼禄表现得十分和善，但她依然心存疑虑，不敢完全相信他，又或许是因为从安提厄姆一路乘船而来，她对大海已经感到厌倦，所以才更愿意从陆路完成自己的此次旅程。无论是什么原因，尼禄立刻默认了她的决定，派人抬来一顶轿子，从陆路送她去巴伊亚。因此，她坐着这顶轿子，被轿夫们抬到了巴伊亚，住到了为她提供的公寓里。

在阿格里皮娜启程返回安提厄姆之前，尼禄根本没有合适的机会带她到海上去。她在巴伊亚的这段日子里，尼禄殷勤地陪在母亲左右。他准备了盛宴来款待她，安排了各种各样的娱乐活动供她消遣。在谈话中，他有时会用一种阿格里皮娜非常熟悉的顽皮和快乐的口吻称呼她，而其他时候，他会寻找机会用一种私密又信任的方式与她认真地讨论公事。阿格里皮娜完全被这些表象欺骗了。她想到自己重新获得了儿子的爱戴与信任，心里充满快乐与自豪。

尼禄和阿尼塞图斯最后决定，在阿格里皮娜启程返回安提厄姆时，瞅准机会说服她登上他们的驳船，而不是她自己的帆船，然后实施他们的计划。他们之前诱使她到海上去的尝试都失败了，这是目前仅存的机会。他们希望阿格里皮娜最好在夜里登船，因为在夜色的掩护下他们的阴谋实施起来会更顺利。因此，在阿格里皮娜打算返回的那天下午，尼禄为她准备了一场晚宴。宴会上，他特意安排了许多庆祝活动和娱乐节目，故意把宴会的时间拖延到傍晚。这样，当他母亲动身离开时，天已经全黑了。然后，阿尼塞图斯心生一计，让他舰队中的一条船与阿格里皮娜从安提厄姆来时乘坐的那条帆船相撞，那条帆船就停靠在她登岸的地方。帆船被撞毁，不能再航行了。阿尼塞图斯急切地来向阿格里皮娜报告撞船事故，但补充说，皇帝为她准备的驳船随时听候她的吩咐，建议她坐这条驳船，以代替那条撞坏的帆船。似乎也没有别的选择，和儿子亲热地告别后，阿格里皮娜高高兴兴地登上了那艘漂亮却危机四伏的驳船，完全没有意识到她已经进了别人为她设计好的陷阱。

尼禄此次与母亲告别时，展示出了对她的深深的眷念。他搂着她的脖子，不停地亲吻她，这些亲密的举动使她迟迟不能离岸，就好像尼禄舍不得让她走似的。阿格里皮娜死后，见证过这一母子分别场面的人们都还记得，但回想起来，他们说不清楚到底这些象征爱的行为都是尼禄在演戏，还是在最后时刻他真的心软了，才在他为她准备好的死亡陷阱的边缘让她稍做停留。然而，根据我们现在了解到的有关尼禄在这一时期形成的性格特征，或许前者才是正确的推测。

这一阴谋虽然设计得十分巧妙，却注定不能成功。水手们划着桨，驳船轻快地离开岸边。天空繁星点点，海面风平浪静。夜色美好，空气清新。阿格里皮娜坐在一个专门为她安放的沙发床上，头顶有华盖遮挡，华盖的框架被秘密地灌满了铅，她的一个叫阿瑟罗尼娅·珀拉的侍女陪在她身边。

当船一路向前行进时,她躺在主人的脚旁,陪她说话。她们谈论着尼禄,讲到他对阿格里皮娜敬爱有加,讲到母子皆大欢喜的和解后各种好事接踵而至。闲聊中,时间也在慢慢地流逝,驳船继续前行,最后到达了尼禄预定下手的地点——在那里把船毁掉,让阿格里皮娜溺水而亡。对水手们来说,选择这一地点足以让他们游回岸上,但这段距离对阿格里皮娜来说,足以让她命丧黄泉。有几个水手知道这一秘密,暗地里已经做好了准备。其他人则一无所知,发现自己落入海中后,他们自然会尽力自救。

毁船的命令一下,华盖的固定装置被打开,灌了铅的华盖突然倒下来,砸坏了一部分船身。有一名水手被掉落的重物砸中,当场毙命。阿格里皮娜和她的侍女因沙发四角的柱子而保住了性命,当时阿格里皮娜正躺在沙发上,并斜倚着其中一根柱子,这几根柱子所处的位置,顶住了即将掉落的重物,所以两位女士才能从下面爬出来。甲板和船舷的毁坏和破损程度并没有如期待中的那样严重,因此，阿格里皮娜不仅没有被掉落的重物砸伤，一开始也没有掉入海中。接着，那些了解内幕的人立刻开始大呼小叫，制造混乱，并试图爬到一侧船舷上去，把船弄翻，而那些不明就里的人则拼命地想要拯救驳船。与此同时，呼喊声传到了岸上，渔民们赶紧划着渔船过来向这艘无助的大船施救。然而，在他们到达之前，船已经被翻了过来，阿格里皮娜和阿瑟罗尼娅·珀拉双双落海。知情的水手们趁着夜色和混乱，用撑杆和船桨击打她们。

他们的做法在阿瑟罗尼娅·珀拉身上成功了，她因恐惧而不断大声呼喊，从而招来了暗杀者们的重击。但阿格里皮娜头脑冷静，保持沉默。她只在肩膀上遭到了一下重击，导致她严重受伤。一方面是因为衣服的浮力，另一方面是因为自己努力游泳，使自己漂在水中，直到被渔民救起送到岸上。接着，她被送到离事发地点不远的一栋属于她的别墅里。

从事故的激动和恐惧中回过神来，有时间细细琢磨一些细节后，阿格里皮娜就坚信这件事不是偶发的事故，而是深藏不露、想要取她性命的阴谋。然而，慎重起见，她认为最好还是在一段时间里，假装自己并不知道这件事是针对她的阴谋。因此，安全地到达别墅，包扎完伤口后，她就派了一名信使去巴伊亚，告知尼禄所发生的事情。她说，她乘坐的驳船在海上沉没了，她九死一生才逃过一劫。她被倒下的桅杆砸中，受了重伤，但最终安全地回到了在安提厄姆的家。然而，她恳求儿子不要来看她，因为她最需要的就是静养。她说，她派信使来告知他发生的事，这样他就会为她感到高兴，多亏了上天的庇佑，她才得以逃过这迫在眉睫的危险。

与此同时，尼禄正在巴伊亚的行宫里。他心情烦躁、焦虑不安地等待阿尼塞图斯派来的信使告诉他，他的计划成功了，他的母亲被淹死了。在阿格里皮娜的信使到来前，尼禄听到了她已经成功逃脱的传言，这让他惊慌失措。从岸边回来的人告诉他，他母亲乘坐的那条驳船失事了，他母亲差点儿就丧命了。他没有听到太多的细节，但他猜想阿格里皮娜一定已经知道这次事故的真相。因此，他非常慌乱，担心这件事现在一定让他母亲心中充满仇恨，他害怕她会不顾一切地进行报复。

他立刻派人去请布鲁斯和赛内加，把这件事从头至尾全都告诉了他们。他言辞激烈地控诉他的母亲，以便为自己弑母的行为进行辩解。他说，他一直以来都相信，只要她活着，他就永无宁日，也没有安全可言，而现在，他已经试着实施了杀害她的计划。无论如何，他已经别无选择，只能一条道走到黑，完成他已经开始的计划。他说："她现在必须死，否则她确定无疑会设计害死我。"

布鲁斯和赛内加沉默不语，他们不知道该说什么。他们清楚地看到，一场危机即将来临，结果必然是母子二人中有一个去死，因此，他们面临的唯一的问题是，决定受害者是母亲还是儿子。后来，长时间的沉默后，赛内加看着布鲁斯并问他，他手下的士兵是否值得信赖去执行阿格里皮娜的死刑。布鲁斯摇了摇头。他说，士兵们非常敬仰日耳曼尼库斯家族，阿格里皮娜又是这一家族的后人。对这个家族的任何成员,他们绝对不会干出如此血腥的事情。他还说:"此外,既然阿尼塞图斯接受了这一任务,就交给他去完成没有做完的工作吧。"

阿尼塞图斯很乐意接受这一任务。事实上,他也有个人的小算盘,因为经过这件事,他心知肚明,只要阿格里皮娜活着,他就没有好日子过。看到阿尼塞图斯满口答应,尼禄高兴得不得了,说道:"那你快去快回,想带谁作为帮手,你随便挑。你要是完成了任务,我的整个帝国都应该感谢你的忠诚。"

就这样,阿尼塞图斯接受了任务,从舰队调来一小支部队跟着他,向阿格里皮娜避难的别墅进发。他发现一群乡民聚集在别墅的大门口。他们是听说了阿格里皮娜遭难的消息才来到那里的。他们也许是想了解事情的所有细节,也许只是因她大难不死而向她表示祝贺。看到阿尼塞图斯率领着全副武装的队伍走过来时,这些乡民不知道这意味着什么,大惊失色,四散逃开。

阿格里皮娜别墅大门口站岗的卫兵阻止士兵

们进入，但很快就被打倒并被制伏。接着，大门被打开了，阿尼塞图斯率领着海军闯了进来。阿格里皮娜当时正在床上躺着。听到吵闹和骚动后，她心知来者不善，惊恐万状。几个朋友陪在她身边，听到全副武装的士兵们登上楼梯的脚步声后，他们全都从一个暗门慌慌张张地逃离了那个房间，只留下阿格里皮娜和她的侍女。过了一会儿，那个侍女也跑了。当她的身影即将在门口消失时，阿格里皮娜对她说："难道你也要弃我而去吗？"话音刚落，阿尼塞图斯就和两名军官破门而入。这三个男人全副武装，一脸残忍决绝的表情，走到了阿格里皮娜床边。

阿格里皮娜吓坏了，但故作镇定，从床上坐起来，平静地问："是我儿子派你们来的吗？"

他们没有回答。

"你们是来问我怎么样了吧？"她说道，"告诉他，我好多了，很快就能完全康复。我不相信他派你们来是为了伤害我。"

就在这一瞬间，其中一个刺客用棒子打了那个可怜的母亲一下。然而，哪怕是最铁石心肠、最无情无义的魔鬼在做这样的事情时，胳膊也会偏那么一点点。因此，这一击只让阿格里皮娜受了点无足轻重的小伤。但她明白，一切都完了，她的大限已至。然而，她并不像一般的妇女那样，在这样的情况下心里会充满恐惧与绝望。在这紧急关头，她那强大的、不可战胜的精神又让她充满了活力。当刺客们挥舞着寒光闪闪的宝剑逼近，并准备刺向她时，她猛地揭开毯子，裸露出自己的身体。她歇斯底里地大喊道："来啊，往这儿刺！一个母亲被儿子谋杀，就该往这儿刺！"宝剑立即刺穿了她的身体，血液浸透了她躺着的长榻，她就这样死在了血泊中。

做完这一切，阿尼塞图斯和同伙盯着毫无生命迹象的尸体看了一会儿，然后召集留在大门口的其余士兵，回巴伊亚向尼禄复命。听到一切都结束了，尼禄的第一反应是长舒了一口气。然而，他虽然是个魔鬼，但很快发现自己的良心还没有完全泯灭。因此，当他开始回想自己干下的事情时，心中充满悔恨与恐惧。那天晚上,他在极度痛苦中度过,一会儿静静地坐着,一动不动;一会儿突然又清醒了,惊愕异常,浑身发抖,眼睛夸张地瞪着,似乎被突发的狂怒蛊住了。他的表情疯狂狰狞,他的手指痉挛抽搐,他语无伦次,满嘴疯话,呻吟呼号,这表明他经历了多么浓重的恐惧。他那可怕的样子,使卫兵和仆人们都远远地躲开,不知道怎么办才好。

最后,他们一个个进来安慰他。然而,他们的努力毫无效果。到天亮时,他的情绪才稍稍平复了一些,但可怕的负罪感依然沉重地压迫着他。尼禄的样子可怜极了,说自己再也不能待在这里了,因为他看到的一切,别墅、帆船、大海、海岸及他周围的其他事物,都会让他想起他母亲,并提醒他犯下了不可饶恕的罪恶。他已经再也无法忍受了。

与此同时,一看到阿尼塞图斯和其队伍离开,阿格里皮娜别墅里的仆人和随从们就赶紧回到女主人的房间,恐惧地凝视着房间里可怕的景象。阿尼塞图斯留下了几个人帮忙处理尸体,让她从人们的视野中消失既至关重要,也刻不容缓,因为看到她的人无一例外,都会感到异常愤怒,都会强烈谴责犯下如此惨绝人寰罪恶的制造者。阿格里皮娜死后的遗容非常安详美丽,似乎要通过这种无声胜有声的感染力赢得每一个旁观者的同情与怜悯。因此,有必要赶紧搬走她的尸体。士兵们也极不耐烦,希望赶紧完成这可怕的任务,然后马上走人。

因此,他们用手边易得的材料,在别墅的花园里堆起一个火葬的柴堆,将阿格里皮娜的尸体及床上所有被血污染了的用品堆在柴火堆上。士兵们站在旁边默默地看着,直到火堆快要燃尽时,他们才转身离开,只留下阿格里皮娜的仆人们,围着冒烟的灰烬黯然神伤。

第 9 章　*CHAPTER IX*

极度堕落（62年至64年）

Extreme Depravity (A.D. 62—64)

在尼禄弑母的行动中，没有一个理由能减轻他犯下的罪行。这不是自卫行动，因为阿格里皮娜没有对他或者试图对他造成任何伤害。这不是一时冲动仓促而成的暴行，也不是出于政治需要，为了实现某一伟大的理想的政治目标而采取的措施。这是冷静的、故意的、经过深思熟虑的犯罪，其唯一的目的就是要为犯罪者的下一次犯罪扫清道路。尼禄残忍地杀害自己的母亲，仅仅是因为她阻碍了他与无辜的妻子离婚，然后不道德地娶另一个女人为妻的计划。

犯下这桩十恶不赦的罪行后，很长一段时间里，恐惧萦绕在尼禄心头久久挥之不去。无论白天，还是黑夜，他都不断遭受着悔恨和恐惧的双重折磨。他不敢回罗马城，因为这样的恶行自然而然地会激起民众的愤怒，并且他不知道这种愤怒会发展到怎样的程度，或者说他不知道如果他出现在罗马城里，会有什么样的后果等着他。因此，他离开巴伊亚，来到了尼阿波利斯，在海边待了一段时间。在那里，他给罗马元老院发送了许多信，解释他对母亲所谓的"正法",为自己开脱。他假装发现了她欺君叛国的阴谋,假装必须对她格杀勿论,唯有这样才能保证国家安全。元老们虽然憎恨尼禄,对他的罪行深恶痛绝,但迫于他手中掌握的强大的、可以随意调动的军事力量,也怯于他那残忍无情、不顾一切的性格,只得通过决议,认同了他的所作所为。留在罗马城的尼禄的军官和宠臣们给他捎信,说首都人民对阿格里皮娜深恶痛绝,除掉她,他算是为国为民办了一件大快人心的好事。从某种程度上来说,这些话无异于给他吃了一颗定心丸。最后,他回到了罗马城。

他终于如愿以偿地和奥克塔维娅离了婚,娶了波培娅。不过,奥克塔维娅依然待在罗马城,住在专门分给她的一处宫殿里。她高贵的出身、尊贵的地位,最重要的是,人们对她的不幸表达了普遍的同情,使她成了公众关注的目标。人们给罗马城里公共场所的奥克塔维娅的塑像戴上花环,而把尼禄命人戴在波培娅塑像上的花环扯了下来。公众这样或那样的情绪的表露,激起了波培娅对奥克塔维娅更强烈的仇恨和嫉妒。她收买了奥克塔维娅的一名女仆，授意她控告自己的女主人犯了不光彩的罪行。这一控告提出后，波培娅严刑拷打奥克塔维娅的其他女仆，逼迫她们做伪证。没想到她们忍受着痛苦的折磨，坚决断言奥克塔维娅是清白的。然而，波培娅不依不饶，坚持要给奥克塔维娅定罪。最后，尼禄采取了折中的做法，同意把奥克塔维娅流放到外地去。

她被送到了一座海滨别墅，就在阿尼塞图斯的海军基地附近。然而，哪怕已经被流放，波培娅也不会让她安生地过日子。波培娅很快就指控奥克塔维娅对尼禄图谋不轨，并且拉拢阿尼塞图斯，以便在实施谋反的计划时得到舰队的支持。阿尼塞图斯本人证实了这一控告。他说，奥克塔维娅愿意对他以身相许，以此诱惑他加入谋逆的行列。因此，奥克塔维娅被判处死刑。

尽管有阿尼塞图斯的证词，但在当时，人们普遍认为奥克塔维娅是清白的。估计是阿尼塞图斯接受了尼禄和波培娅的贿赂和承诺，在他们的授意下编造了这个故事,以便他们有借口杀掉奥克塔维娅。但无论事实如何,这位不幸的公主被定罪并被判处死刑。

虽然奥克塔维娅身份尊贵,但她那短短的一生命运多舛,苦难不断。在还是个孩子时,她就嫁给了尼禄;与他生活的那些年里,他对她冷言冷语,刻薄无情;最后他又抛弃糟糠,另娶新欢;对结发妻子,尼禄先污其清白,再将其流放。在最后一次控告她之前,奥克塔维娅唯一能做的就是在痛苦绝望的流放中了却残生。但她求生的欲望还很强烈,当尼禄的信使来告诉她"她必须死"时,奥克塔维娅震惊不已,恐惧万分。

她痛哭流涕,苦苦哀求他们饶她不死。她说自己绝不会给皇帝添麻烦或以任何方式干预他的任何计划;她愿意放弃皇后的所有权力;她会独处隐居,修身养性;尼禄让她住在哪里她就住在哪里,绝不会给他找任何不痛快。刽子手们打断了她的乞求,用皮鞭捆住她的四肢,切开了她的血管,她疼得昏了过去。在刽子手手中,可怜的受害者毫无抵抗力，然而，血管被切开后，血却没有流出来。因此，他们把她抬到了附近一个正在开放的桑拿浴室，把她关在里面，用蒸汽活活闷死了她。

这样，尼禄的罪行——谋杀生母；抛弃糟糠，另娶新欢；继而杀害结发妻子，三罪合一，构成了他一生中最大的恶行。这是一桩桩罄竹难书的罪行。为了给一桩不道德的婚姻扫清道路，蓄意、残忍地谋杀亲生母亲，然后又为了维护这桩不道德的婚姻，谋杀了一个无辜的妻子，同时还要诋毁她的名誉，让她遭受耻辱的不白之冤。干出如此惨绝人寰、骇人听闻的暴行，真可谓达到了人类邪恶的顶点。

一开始，这些暴行让尼禄充满悔恨与恐惧，现在他逐渐恢复过来了。为了让自己更快地摆脱这些情绪的困扰，他肆无忌惮地为所欲为，毫无节制地大肆挥霍，到后来竟然无恶不作，以致他的余生残忍至极，而他却没有一丝悔意。

有一次，他大发雷霆，踢了怀有身孕的波培娅，导致孩子早产，而波培娅也得了一种怪病，最终死亡。后来，在钓鱼时，他命令自己的奴隶将波培娅的儿子溺死在海里，因为他听说，那个小男孩在和别的孩子玩耍时总是扮演皇帝的角色。尼禄还毒死了自己的将军布鲁斯，当时布鲁斯正好咽喉肿痛，尼禄让人给他送去了毒药，却骗他说那是治疗咽喉肿痛的良药。布鲁斯不明就里地喝下药，随后便毒发身亡。尼禄一生用同样的方式夺去了无数亲戚朋友和国家官员的性命，使几乎所有和他有着不同程度的亲密关系的人，无一例外都死于非命。

在他整个统治时期，他几乎完全不理朝政。显然，他把至高无上的权力当成唯一能够满足其私欲的工具，并随心所欲地大肆挥霍由他支配的丰富资源。他很少关心外事，唯一能激起他兴趣的，是在舞台上当一个著名的歌唱家或演员。

当他准备开启自己的艺术生涯时，罗马社会普遍认为，任何有地位的罗马人出现在诸如此类的公共表演中都是有失身份的。然而，尼禄在很小的时候就认为自己有当歌唱家的天赋。他勤奋刻苦地练嗓子，加上他身边有一大群投其所好、阿谀奉承的人对他的所作所为大加赞扬，所以到后来，他对音乐艺术的兴趣转化成了过度的狂热。他怀着极大的耐心，遵照当时严格的训练方法，提高并改善自己的发音。比如，为了使胸肌更发达，他长时间地仰面躺着，胸口放上铅块，据说这么做能锻炼胸肌。他还服用各种各样的清嗓润喉、美体健身的药物。这些努力取得了成效，他欣喜若狂，急于想在公共场合登台表演。因此，他开始为此紧锣密鼓地做准备。

起初，他只在私人会所、皇宫和花园里表演，那里只有罗马贵族和受邀而来的宾客。后来，他逐渐扩大了观众的范围，最终出现在公共舞台上。为了能让观众们慢慢接受这种他们认为有失身份的行为，他开始引诱一些贵族子弟加入公开的表演中。他非常满意自己在演艺活动中取得的成就，以致他一生中的大部分时间都用来四处表演，尽管这种成功只是他想象出来的。当然，在他的演艺生涯中，他对掌声的渴望越来越强烈，而自然的、普通的鼓掌方式已经不能让他感到满意,于是,他荒谬至极地安排人员为他的表演造势,使表演显得很成功的样子。有一次,他花钱请一支五千人的军队在他表演的大马戏团和圆形大剧院为他鼓掌。这些人会就如何鼓掌接受定期训练,就好像这是一门通过学习和指导才能获得的艺术。事实上,它的确是一门艺术,因为当他们鼓掌时,针对不同的表演内容需要采取不同的鼓掌方式。鼓掌的人必须严格按照信号鼓掌,行动必须高度一致。

他过去还常常要求在他表演期间,当观众聚齐后就关闭剧院的大门,用任何借口都不得外出。这样的规定引起了人们极大的不满,还闹了许多笑话,特别是当这些演出的时间被拖延,节目又极度无聊时。哪怕一个观众突然发病,也不足以成为这个观众离开的理由,因此,据说人们常常会装死,以便被抬出去"埋葬"。有时,孕妇会把孩子生在剧院里。这些要当妈的人粗心大意地随着人群进来看演出,进来后又不允许外出,她们根本没有考虑到这种嘈杂的环境会对腹中的胎儿产生什么样的影响。

　　除了在舞台上唱歌和表演，尼禄还参加其他各种公共娱乐活动。作为一名竞争者，他为了获得奖励而参加赛跑及其他体育比赛。当然了，他总能成为胜利者，这一目标的实现，有时靠其他竞争者们默许他的犯规耍赖，有时靠公开贿赂裁判。尼禄可笑的虚荣和自负似乎因获奖而得到了极大的满足，但他从来不考虑自己到底有没有资格获奖。他常常会在盛大的节日里到外国人的舞台上演出，他从那里得意扬扬地回到罗马城，让人举着他获得的花环、花冠和其他装饰品走在队伍的最前面，就像从国外凯旋的杰出指挥官们习惯于展示他们打了胜仗的战利品一样。

　　事实上，只有在干这样令人厌烦的傻事时，尼禄才会完全出现在公众面前。即位后，他在私生活和个人性格方面愈显道德沦丧、恶贯满盈。他傍晚沉湎于酒色，午夜出发到街上去，正如前面讲的那样，混迹于城里那些粗鄙的男女之中，寻衅打架。其间，他有时会攻击在街上偶然遇到的一伙并不想打架的人，如果他们抵抗，尼禄和其同伙就会打倒他们，并将他们扔到沟渠或敞开的下水道里。有时在这些打斗中，他自己也不能幸免。有一次，当一位罗马元老和妻子在街上走着时，尼禄侮辱了那位妻子，这位元老对他施加了一顿老拳，差点儿要了尼禄的命。当然了，这位元老不知道他就是皇帝。尼禄常常化了装去剧院，他的同伙和他有着一样的装扮，他们在那里寻找机会挑起事端，制造混乱。无论何时，只要他能成功地将这些事端激化为打架斗殴，他的同伙就会跟着瞎起哄，向人群投掷石头或破凳子的碎片。

不久后，他变得越来越胆大妄为，禽兽不如。最后，他干脆撤掉一切伪装，以最无耻的方式，在众目睽睽之下，展示他参与的这些非常暴力的打斗场面。事实上，他似乎以此为乐，以此为荣。他常常在公共的圆形大剧院或圆形广场的竞技场举办盛大的宴会，和城里那些最放荡淫乱的男男女女痛饮欢庆——这真是让全世界的人都惊叹的景象。在罗马城里有一个为了模拟海战而修建的大型人工湖,被尼禄用来在公共庆典时娱乐观众。为了让宴会显得更有排场、更盛大,尼禄在湖边安放了数以万计的凳子供观众们坐下观看。在举办宴会时,水会被抽干,大门会关上。湖底坦荡如砥,正好可以摆放桌子。

尼禄花在物质享受方面的钱财不计其数。事实上,他挥金如土,奢靡无度。当然,整个帝国的金银珠宝都由他支配。除此之外,他还通过处罚、没收、巧取豪夺的方式获得了大量钱财。由于他没有承担任何公共事业——对外很少发动战争,对内也很少建设罗马城——他能支配的丰富资源全被用来满足感官享受。他整日花天酒地,穷奢极侈,铺张扬厉,暴殄天物。他的宴会、仪仗、游赏玩乐,奢华得简直令人难以想象。据说,他对自己宠爱的臣子和女人出手阔绰,一掷千金。有时赏给他们钱财珠宝,有时赏给他们别墅花园及配备豪华的马车。有一次,他要去台伯河口游览观光,便命人沿河两岸摆满货摊和成本高昂的帐篷,一直摆到海边。这些帐篷里提供昂贵的美味佳肴和各种各样的娱乐活动，有床和沙发可以休息。所有帐篷门口都站着美丽的女招待。尼禄和随从们坐着驳船沿河而下，每到达一顶帐篷，姑娘们就会邀请皇帝一行下船登岸，到她们的帐篷里去饮宴、玩耍、休息。他过去常常用一张金网捕鱼，渔网用猩红色的丝线搓成的细绳牵引。他有时也会以帝王出巡的阵势去意大利或希腊游山玩水。出发时，会有一千多辆车子运送他的行李——拉车的骡子全钉有银掌，赶骡子的车夫们都穿着猩红色的昂贵的衣服。在浩浩荡荡的仪仗队伍中，还有数不清的脚夫及胳膊上佩戴着贵重镯子的非洲籍的仆人，这些仆人也骑着装饰华丽的高头大马。

尼禄当政期间发生的最引人注目的事件之一是所谓的"罗马大火"——这场火灾烧毁了罗马城的一大部分。当时人们普遍认为这场空前的灾难是尼禄本人的"杰作"，是他腐化堕落、随心所欲带来的恶果。虽然没有确凿的证据表明这场大火是尼禄下令放的，但当时有一位历史学家说，大火刚刚开始蔓延时，有人看见几个受尼禄宠信的皇室仆人手里拿着易燃物和火把，挨家挨户地纵火烧房。事发当时，他本人在安提厄姆，直到大火熊熊燃烧了好几天，他才回到罗马城。但如果这场火灾真是尼禄所为，他也不大可能计划烧毁如此大的一片区域。或许，他只是想烧毁皇宫附近的那几座房子，然后把房子所在的土地据为己有，以便扩建自己的宫殿。然而，根据有些作家的说法，他的确计划烧毁大半个罗马城，然后建成金碧辉煌的新罗马城，这样一来，他便可以青史留名。如果他果真有这些动机，毫无疑问，其中一定夹杂着不怀好意的满足感。只要能让他治下的悲惨的臣民遭到恐吓和折磨，他就会感到心满意足。

当他从安提厄姆回到罗马城时，火势正旺，烈焰冲天。他发现整个罗马城呈现出一派无法形容的可怕与悲惨的景象。成千上万的人被活活烧死，或被倒塌的房屋废墟活埋。街道上堆满烧毁的家具和货物，许多男人虽然已经累得精疲力竭，却还在拼命地、徒劳地救火，试图从火里救出一点仅存的财产。恐惧和绝望让母亲们心烦意乱，面容憔

罗马城陷入火海

悴；她们来回走动，四处寻找自己的孩子；有的痛苦呻吟，有的疯狂呼喊，尖锐的嗓音划过长空。尼禄兴致勃勃地欣赏着此情此景，就好像这是一场盛况空前的表演。随后，他去了一个剧院，走到舞台上自娱自乐，演唱了一首以焚毁特洛伊为主题的著名的曲子。

至少，在罗马城里，人们普遍认为，并四处传说是尼禄下令放的火。民众义愤填膺，对这个灭绝人性的魔鬼恨之入骨。事实上，尼禄后来似乎意识到自己做得有些过分，便开始积极地采取一些赈灾措施，努力减轻人们的痛苦。他命人抬来大量帐篷，搭建在阅兵场上作为人们的临时住所；又派人运来新鲜的粮食以解决人们的温饱问题。然而，这些善行来得太晚了，根本无法改变他在人们心中丧尽天良的形象。人们把这次可怕的灾难所带来的痛苦，归咎于尼禄不顾一切的邪恶本性。于是，尼禄遭到罗马全城人的唾弃和诅咒。

第 10 章　CHAPTER X

皮索的阴谋（65年）

Piso's Conspiracy (A.D. 65)

尽管罗马人通常都很畏惧尼禄的权力，以至很长一段时间里没有人敢公开违背他的意志，但他的放纵和残忍暗暗激起了人们的厌恶和憎恨。在他的统治期内，一些有头有脸的人物策划了一起致命的阴谋，旨在推翻并杀掉暴君。这场阴谋波及面很广，可怕的程度难以想象。然而，在时机完全成熟之前，阴谋不小心被泄露了。因此，阴谋最后以失败告终，史称"皮索的阴谋"——得名于这场阴谋的主要成员皮索。

然而，人们认为皮索绝对不是这场阴谋的发起人，事实上，人们不知道谁才是发起人。一大群有名望的人卷入了这场阴谋。他们性格各异，地位不同，参与这场阴谋的动机迥异。不过，要反抗尼禄这样一个残忍无情的暴君，这样的阴谋真是危险重重，对所有那些卷入其中的人来说，如果不成功，就只能杀身成仁。因此，人们很少愿意参与到这样的阴谋中来，除非被逼无奈，走投无路。

然而，这些谋反者对尼禄的愤怒，现在看来似乎不足以成为他们谋反的理由，至少从某些例子来看是这样的。比如，谋反者中有一个非常积极的人，他是著名的拉丁诗人卢坎。在早期生活中，卢坎是尼禄的主要奉承者之一，写了很多首赞美诗和十四行诗为他歌功颂德。后来，据说在一次公开的、有奖的诗歌朗诵会上，自认为在人类的一切艺术方面都技高一筹的尼禄，也写了一些诗来参加比赛。但大奖被卢坎捧走。因此，尼禄心里充满对对手的嫉妒和憎恨，很快找到借口禁止卢坎在公共场合朗诵诗歌。这自然激起了卢坎的愤怒，并促使他加入了这场阴谋。

还有一个谋反者是一名罗马贵族，他的姓氏因他在罗马城里的一处地产而在文明世界中家喻户晓。这处地产及在其上建造的特定的房屋，后来在罗马的教会历史上名垂千古。这个贵族叫拉特拉努斯。如前所述，这场阴谋被察觉后，拉特拉努斯被判处死刑，他的地产也被没收充公，宫殿和土地全都成了皇帝的囊中之物。随着时间的推移，皇帝君士坦丁把这处产业赐给了罗马教皇。从那时起，一千多年来它一直都是连续几任教皇的住所。这里还建了一座教堂,称作"拉特朗的圣约翰巴西利卡大殿",很多次理事会都在这里举行,罗马的教会历史称其为"拉特朗理事会"。教皇就职典礼的某些仪式会在这座教堂里举行,但这座宫殿现在已无人居住。然而,即便是在废墟中,尽管有点儿荒凉凄清,它也显得十分壮观,令人印象深刻。

拉特拉努斯是一个毫无原则、荒淫无度的男人,在克劳狄乌斯统治期间,他和米萨丽娜合谋犯了大罪,被判处死刑。虽然死刑没有被执行,但拉特拉努斯被削去了官职。这样一来,他注定会在赋闲和耻辱中过日子。克劳狄乌斯驾崩后,尼禄即位,拉特拉努斯的罪行被彻底原谅,他通过尼禄的运作官复原职。或许我们会以为,皇帝对他的大恩大德会使他心存感激,从而不会参与这一反对恩人的阴谋,但对尼禄这样的暴君而言,在其宫廷里混饭吃的人们,心里几乎没有存放感激的地方。

同谋者们的事业需要有效的军事援助。他们最仰仗的、能给予他们这样的援助的人,是卢弗斯。他是皇家卫队的一名军官。他做事坚毅果断,深受罗马人的尊敬。他并不是这场阴谋的发起人之一，而是后来才加入的。听说他也加入后，同谋者们感到欢欣鼓舞，因为他们认为，对他们的事业来说，有这样一个人支持是非常重要的。他们现在立刻开始采取措施，实施他们的计划。

这场阴谋中有一个神秘的女人，她的名字是艾佩凯瑞丝，尽管没人知道她是如何了解到这场阴谋的。由于同谋者们的计划在实施的过程中被耽搁延误，艾佩凯瑞丝便私下一个一个地去找主要的同谋者，催促他们赶快行动。同谋者们没有人承认自己曾经告诉过她关于这场阴谋的任何信息，所以谁也说不清楚她是如何知道的。她是个脾气很坏的女人，这样的女人往往如此，性子暴烈，仇恨难消。她憎恨尼禄，对同谋者们的耽搁延误感到极不耐烦，于是不断、热切地催促他们行动。

与此同时，同谋者们召开了各种各样的秘密会议，以便使他们的计划更完善，并为计划的实施做好准备。他们计划通过暴力手段杀掉尼禄，然后公开宣布皮索取代尼禄继任为新的皇帝。在这一方面，皮索是一个非常合适的人选。他身材高大，举止优雅，其外貌犹如鹤立鸡群。他位高权重，慷慨大方，气质高贵，深受全城居民的喜欢。他还和罗马城最有名望的家族联合，在各方面都拥有显赫的地位。人人敬仰，个个钦佩，以至同谋者们相信，只要能将尼禄赶下台，他当皇帝就是众望所归，一定能够顺利实现。因此，刺杀尼禄是计划的第一步。

至于什么才是最佳的行动方案，他们进行了反复讨论和不断的磋商，最后决定接受一个叫弗拉维乌斯的人的提议：当皇帝夜里在街上漫游闲逛或狂欢饮宴时，由他承担刺杀皇帝的重任。事实上，虽然弗拉维乌斯在提出建议时显得勇敢又果断，但最终的实施过程证明他并不够格。他提议在剧院里，当台下聚集了成千上万的观众，尼禄在台上演唱时，他伺机刺杀他。同谋者们认为通过这种大胆拼命的方式实现他们既定的目标，实在没有必要，因此，这一方案被否决。弗拉维乌斯又提议，在某个尼禄外出到城里去的晚上，在皇宫里纵火，在接下来发生的混乱中，当尼禄的卫兵们注意力被大火吸引时，就在街上伺机刺杀皇帝。同谋者们通过了这一方案，实施的时机则由弗拉维乌斯决定。

然而，时间在慢慢流逝，行动却没有任何进展，弗拉维乌斯寻求的有利时机并没有出现。与此同时，艾佩凯瑞丝对计划的推迟感到越来越不耐烦。她催促同谋者们赶紧行动，并强烈谴责他们胆小怯懦，优柔寡断。最后，她发现自己的责备和谩骂徒劳无益，就决定离开他们，自己想办法去刺杀尼禄。

于是，她离开罗马城，沿着海岸线一路向南，直达米塞努姆。前面已经讲过，此地在当时是罗马帝国的一个大型海军基地。艾佩凯瑞丝去见了一些海军军官，他们中的很多人她都认识。她决定秘密地、小心谨慎地把在罗马城策划的这场刺杀尼禄，然后拥戴皮索称帝的阴谋告诉他们。然而，在将这场阴谋告诉任何人之前，艾佩凯瑞丝会私下和他们交谈，暗自确定他们对尼禄及其政府的看法。如果发现他们对尼禄颇有好感，她就闭口不提；如果有人以任何方式对尼禄表现出不满或敌意，她就会小心翼翼地将在罗马城密谋的、旨在推翻尼禄政府的这一计划告诉他。她会格外谨慎，决定每次只和一个人进行这样的谈话，也不会提到任何同谋者的名字。

在这些海军军官中，有一个人叫普罗卡鲁斯，他是艾佩凯瑞丝进行攀谈的第一个人。尼禄曾经利用普罗卡鲁斯杀害了母亲阿格里皮娜，因此，普罗卡鲁斯被提拔为海军的一个小头目，手下管着几艘军舰和一千名士兵。然而，在与他交谈时，艾佩凯瑞丝发现普罗卡鲁斯对这次提拔并不满意。他认为自己刺杀了皇太后，犯下了如此可怕的罪过，在他看来，正如他对艾佩凯瑞丝所说的那样，他为皇帝立下了汗马功劳，应该得到更大的奖赏，而不是只当一个指挥一千人的小官。艾佩凯瑞丝表示认同他的话，她和普罗卡鲁斯谈论着他遭受的不公平待遇，以及因尼禄过河拆桥、忘恩负义而让他受到的伤害。直到认为他已经做好了心理准备，可以加入同谋者的行列了，她才小心翼翼地把整个计划和盘托出。

对她的话，普罗卡鲁斯似乎很感兴趣，认真地听着，假装诚心诚意地参与同谋者的计划，但谈话一结束，他立刻离开米塞努姆，动身去罗马城，向尼禄告发。

尼禄大吃一惊，立刻派兵前去捉拿艾佩凯瑞丝，让士兵带她来见他。在被尼禄质问，并与普罗卡鲁斯当面对质时，艾佩凯瑞丝暗下决心，坚决否认自己曾经和普罗卡鲁斯有过他所谓的这样的谈话，用她自己的话来说就是，"对他厚颜无耻的控告感到惊讶不已"。她要求普罗卡鲁斯提供证人和证据，普罗卡鲁斯自然无法提供，因为艾佩凯瑞丝非常谨慎，在他们谈话的过程中确保没有第三人在场。普罗卡鲁斯甚至连一个罗马同谋者的名字都说不上来，只能坚持声称艾佩凯瑞丝的确告诉了他阴谋的存在，并唆使他加入他们，但艾佩凯瑞丝极力否认。尼禄感到大感不解，不知道该相信谁才好。后来，他打发走了普罗卡鲁斯，并把艾佩凯瑞丝投进了监狱，决定让她先待在那里，直到他调查清楚再做打算。

与此同时，听说艾佩凯瑞丝被捕的消息后，同谋者感到十分惊慌，他们虽然知道她迄今为止守口如瓶，却不敢保证，每天在酷刑折磨下的她的忠诚和决心能坚持多久。他们宁肯相信她随时都有可能屈服。由于从目前看来，弗拉维乌斯并没有可能实施刺杀计划，他们开始谋求别的方式以达到目的。

当时，皮索在巴伊亚有一栋乡村别墅，就在罗马城以南的海岸边，距离米塞努姆不远。尼禄过去有时候会来这里拜访皮索。现在，有些同谋者建议皮索邀请尼禄来此乡村别墅，假装为他安排了精彩的表演，请他前来观看，然后，当尼禄酒至半酣，远离卫兵时，他们让埋伏的刀斧手跳出来击杀他。然而，皮索反对这一计划。他说，对他而言，对一个他邀请到自己家里来做客的朋友实施暴力行为，是极不光彩的、有损名誉的。他很乐意承担责任，以任何公正的、男人的方式杀掉这个暴君，但绝不会为了达到目的而违反神圣的好客礼节。

因此,这一计划被舍弃了。然而,据推测,皮索之所以不愿意在巴伊亚刺杀尼禄,并非仅仅考虑到自己作为主人的名誉,还有另一个更深层次的原因。据说,他认为在朱庇特神殿宣布尼禄死亡的消息时,如果他远离罗马城,这对他来说很不安全。他唯恐罗马城的其他贵族或高级军官会在紧急情况下突然起兵,谋权篡位。事实上,在罗马城有一两个位高权重的人,让皮索十分嫉妒。他自然会小心提防,绝不可能给他们大开方便之门,使他们有可乘之机夺取皇位。为保证自己能继承皇位而安排在巴伊亚刺杀尼禄,以这样的方式犯下谋逆的大罪,不光让自己得不到期待中的好处,好处还可能会被憎恨的对手得到,这将会是致命的失误。因此,在巴伊亚刺杀尼禄的计划被否决了。

后来,同谋者们制订了另一个,同时被证明是最后一个的计划来实现他们的目的。当时,罗马城即将举办一个大型的公共庆典,他们决定趁机刺杀尼禄。在古代，有时候人们似乎习惯了利用这种庆典的机会向皇帝或国王提出自己的诉求。因此，他们决定让拉特拉努斯在庆典活动中寻找机会接近尼禄，假装有事要求皇帝，而其他同谋者散布在附近，一得到信号就立刻行动。在离皇帝足够近时，拉特拉努斯就会跪下，突然用皇帝的长袍裹住尼禄的双脚，然后将其被裹住的双脚紧紧地抱在怀里，使尼禄无法脱身，而其他同谋者们就会冲上来用匕首刺杀尼禄。与此同时，当拉特拉努斯和同伴们在进行比赛的圆形广场上实施刺杀行动时，皮索将待在不远处的一座神殿里等待结果；而皇家卫队的上校费尼乌斯，也就是前面提到的同谋者们的主要军事依靠，将率领一些骑兵在罗马城的另一个地方严阵以待，等尼禄被杀的消息传来，他们就穿过街道，拥护皮索即位，让他成为新皇帝。据说，为了让行动博得好彩头，获得大成功，他们还安排已故皇帝克劳狄乌斯的另一个女儿，名字也是奥克塔维娅，来到骑兵队伍中与皮索同行，似乎要将她世袭的影响力，无论好坏都和皮索个人的知名度结合起来，以便为即将成立的新政府壮大声威。

这样一来，一切安排就绪。所有同谋者都有自己特定的职责和任务。实施计划的那一天慢慢接近时，一切似乎都预示着成功。然而，正如预料的那样，计划的成功与否显然有赖于行刺者的决心和忠诚，换言之当拉特拉努斯抱住皇帝的双脚时，那些被指定用匕首刺杀尼禄的人的决心和忠诚。此时，他们哪怕有一点动摇或害怕，整个计划都将功亏一篑。同谋者们指望的用匕首刺杀皇帝的人中，有一个叫塞维努斯的、挥霍无度的人，他是这场阴谋最早的发起人之一。从他的言行推断，他也是这场阴谋最无畏、最坚决的发起人之一。他特别渴望将第一刀刺入尼禄的心脏。为了得到这一特权，他说他有一把短刀，是很久以前在一个神殿里发现的，从那以后他就留着，经常随身携带，就为了某一天能派上用场。因此，塞维努斯被安排对尼禄发起致命一击。

随着时间日益迫近，塞维努斯想着即将面对的大事，似乎变得越来越兴奋。他古怪又神秘的举动引起了仆人们的注意。就在实施阴谋的前一天，他和另一名同谋者纳塔利斯进行了长久的秘密的磋商。这样的情况让仆人们更好奇了。他正式地执行他的遗嘱，就好像他正面临某种极大的危险；他赠给仆人们礼物，甚至解放了一两个他最喜欢的奴隶；他和自己遇到的所有人谈论着各种各样的话题，语调急促，语无伦次，虽然显出轻松愉快的样子，但人人都看得很清楚，他是装出来的，因为在谈话间隙，或每次停下来时，他就会重新进入若有所思、心不在焉的状态，就好像在盘算某种深藏不露、生死攸关的计划。

那天晚上，塞维努斯又从刀鞘里抽出自己的短刀，递给一个叫米利奇乌斯的仆人，让他去把刀磨一磨。他告诉米利奇乌斯特别要留心把刀尖磨利。在米利奇乌斯把短刀拿回来之前，塞维努斯还让他去准备用来包扎伤口或止血的绷带之类的东西。遵照所有这些嘱咐，根据塞维努斯的要求，米利奇乌斯做好了一切准备，但最后还是留着那把短刀，

塞维努斯把短刀递给米利奇乌斯

并把整件事情跟妻子说了，以便和她讨论所有这些神秘的举动到底意味着什么。

米利奇乌斯的妻子很快便得出结论，这些神秘的举动一定意味着皇帝的生命危在旦夕。她敦促丈夫第二天一大早就去皇帝面前揭发这场阴谋。她告诉他，这样的阴谋不可能成功，因为肯定有很多人都知道内幕，其中一定有人会为了得到奖赏而告密。她补充道："如果你去揭发他们，你就能得到这份奖赏；如果你不去揭发他们，让别人知道了以后，你就会被看作知情不报的从犯，和那些同谋者一起成为尼禄大发雷霆的牺牲品。"

米利奇乌斯相信了妻子的推论。第二天一大早，天刚蒙蒙亮，他就起床去了皇宫。起初他不被允许进宫，但当他执意给负责皇室安全的军官捎话，说有最紧急、最重要的情报要报告尼禄时，他被放了进去。被带到尼禄面前后，他讲述了整件事情的原委，特别是描述了他观察到的情况，这些情况让他猜想一定有阴谋存在。他提到了前一天塞维努斯和纳塔利斯进行了长久的秘密磋商，描述了塞维努斯后来表现出来的古怪又神秘的举动：塞维努斯正式地执行了自己的遗嘱；他那语调急促、语无伦次的谈话；他命令他把刀尖磨利并准备绷带。为了让自己的证词更有说服力，米利奇乌斯拿出了那把短刀，他一直留着就是为了揭发这场阴谋。这样一来，从某种意义上来说，这把短刀就为他说的话提供了有力的佐证，毕竟耳听为虚，眼见为实。

　　士兵们立刻被派去捉拿塞维努斯。他很快被带到皇帝面前。当然，塞维努斯知道，他唯一能活下来的希望，就是大胆、坚决地否认对他的控告。因此，他义正词严地否认有任何阴谋或诡计，并努力解释所有让他的仆人感到怀疑的情况。他说米利奇乌斯提供的短刀是家族传下来的一个古老的纪念物，已经在自己的房间里保存了很长时间了，没承想被他的仆人偷偷拿走，仆人的目的是为了完成对自己主人的恶意诬告。至于他的遗嘱，他说自己经常会立遗嘱，并为更新后的遗嘱签字，因为其他许多人都习惯这么做，所以他前一天立了遗嘱，这并不能说明什么。关于米利奇乌斯提到的，遵照他的嘱咐准备的绷带和其他包扎伤口的东西，他矢口否认，说自己并没有让他准备这些东西。整个故事都是一个邪恶卑鄙的奴隶编造出来的谎话，试图通过这种下作的方式置他的主人于死地。塞维努斯这一番勇敢无畏、饱含委屈的慷慨陈词，让尼禄和其支持者们半信半疑，他们觉得可能是冤枉了塞维努斯，所以就解除了对他的监禁。如果没有米利奇乌斯那精明的妻子，这或许就是最终的结果，或许米利奇乌斯本人也会因恶毒地诬告主人而受到应有的惩罚。然而，她一直都在焦急密切地关注着这件事情的进展。最后，她提供了一条线索，才使这场阴谋大白于天下。

她把人们的注意力引到了前一天塞维努斯和纳塔利斯进行的长久的秘密磋商上来，因此，就这件事情，塞维努斯遭到了质疑。他宣称，自己是清白的，和纳塔利斯见面完全是为了咨询私事。然后，他被问到谈话的具体内容，当然了，他的回答是被迫编造的。皇帝派人去把纳塔利斯叫了过来，并且背着塞维努斯，向他询问有关谈话的内容。当然了，纳塔利斯也编了一个故事。但和往常一样，这样分别编造出来的两种说法自然是驴唇不对马嘴。尼禄立刻相信他们两个人都有罪，背后一定有不可告人的阴谋。为了逼迫他们认罪，并供出同谋者的姓名，尼禄命人把他们关进监狱，戴上脚镣手铐等刑具，准备妥当后给他们用刑。

后来，他们被带到了刑架前。一看到那可怕的刑具，两个人全都蔫了。他们哀求饶命，保证坦白一切。他们承认的确有阴谋存在，并说出了所有参与者的名字，还详细解释了当初制订的计划。这一次，尽管他们还是被分开审讯，两个人说的却完全相同，如出一辙。尼禄和其支持者们相信了他们的话，最后，整个阴谋真相大白。发现自己竟然面临如此巨大的危险，尼禄目瞪口呆，惊魂难定。

第 11 章　*CHAPTER XI*

同谋者的命运（65年）

The Fate of the Conspirators (*A.D. 65*)

受到严刑逼供的塞维努斯和纳塔利斯，供出了其他参与者的名字。从这二人嘴里得到所有信息后，尼禄和其军官们立刻派人去城里四处抓捕那些被控告的人。尼禄想到了艾佩凯瑞丝，如前所述，她被投进了监狱，目前还在监禁中。他派人告知艾佩凯瑞丝：她不可能继续隐瞒下去，因为塞维努斯和纳塔利斯已经供认不讳，她唯一的出路就是彻底坦白。

这一威胁并没有令艾佩凯瑞丝产生丝毫动摇，她否认了解任何阴谋的任何情况。

接着，尼禄命人给她用刑。刑具准备好之后，她被带了过来。看到这些刑具，她面不改色。接着，她被放到轮子上，她那纤细瘦弱的四肢被拉伸、脱臼、断裂。即使她尝遍了这种刑具带来的各种痛苦，她的意志也没有动摇。后来，当这些刑罚把她折磨得麻木了，让她再也感觉不到疼痛时，她被人抬走接受治疗，进食、休息，以便能恢复气力，忍受明天新一轮的折磨。

与此同时，罗马城上下都笼罩在不安与恐慌

中。尼禄加派了一倍的卫兵驻防皇宫,派遣军队驻守在城墙上和公共广场上并来回巡逻。人们一旦遭到控告,便得接受审讯。每个人都意识到,要想确保自己安全,唯一能做的是随意揭发别人,因此,被认定为同谋者的人数不胜数。一旦尼禄得到这些人的名字,无论是有罪的还是清白的,一律都会遭到抓捕、监禁或处决。

阴谋被发现的消息一传出来,那些尚未被捕的同谋者就匆忙地赶往皮索家。他们看到了因惊恐绝望而俯伏在地的皮索。他们敦促他立刻前去率领一支军队,为生存而战。他们说,这或许是孤注一掷,但现在他已经没有别的选择。然而,他们白费口舌,根本无法激起他采取行动的勇气。他们被迫放弃,让他独自面对命运。皮索切开了手臂上的血管,当尼禄派来抓捕他的士兵破门而入时,他已经流血身亡。

现在,同谋者们群龙无首,彻底放弃了政变的希望,只想着如何自保,逃脱尼禄的惩罚。

与此同时,经过一晚上的恢复,艾佩凯瑞丝已经清醒过来。第二天早上，尼禄决定让她再次受刑。她已经动弹不得了——她的四肢在前一天受刑时就全断了，因此，军官们将她放进一顶轿子，以便她能被轿夫们抬到刑场。她就这样被送往刑场，但当刽子手们揭开轿帘准备抓她出来时，他们看到了惊人的一幕：可怜的受害者把自己勒死在轿子里，永远地逃脱了魔掌。她设法用捆住自己的带子的一头做了一个套索，把另一头固定在轿子中的椅子上，她成功地将套索套在脖子上，使自己窒息而死。轿夫们一路往前，竟然没有发觉。

其间，各种各样被控告的当事人遭到逮捕，数量盈千累万。他们被带到皇宫花园里接受审判。由尼禄和几名主要的军官组成的军事法庭就设在那里。被指控的人数量如此众多，加上看管他们的士兵们，以至通往花园的大道被挤得水泄不通，大量人员滞留在大门口。当然了，他们现在心里七上八下，烦躁不安地等着轮流接受审判。令人无法理解的是，在尼禄招来作为法官审判这些罪犯的人当中，有两个主要的同谋者，他们还没有遭到指控，

艾佩凯瑞丝被抬往刑场

一个是苏布瑞乌斯·弗拉维乌斯,另一个是卢弗斯。读者或许还记得他们是这场阴谋的主要成员。弗拉维乌斯曾经许诺承担在街上刺杀皇帝的任务。在审判过程中,他就站在尼禄旁边,并向其他同谋者们示意,如果他们点头,他现在就准备好要刺杀尼禄。然而,卢弗斯制止了他,焦急地暗示他绝对不可造次。事实上,卢弗斯太优柔寡断,而弗拉维乌斯又太鲁莽。

其实,当被招来参加花园里对同谋者的审判大会时,卢弗斯虽然不敢不从,但还是发现自己很难面对这样一个危机四伏的差事。最后,他在众人中找到自己的位子,强迫自己审判那些同谋者,强装镇定,内心却烦乱紧张。暂时没有人背叛他,但后来在审判塞维努斯时,他因急切地想要表现对尼禄的忠心而"表演"得有些过火,竟然连珠炮般地质问塞维努斯。后来,塞维努斯气急败坏地转向他,说:"你怎么也会问这样的问题?在罗马,没人比你更清楚这场阴谋了,如果你想对这位仁慈的、正直的君主忠心耿耿,那就亲自告诉他事情的来龙去脉，以此表示你对皇帝的感激之情。"

卢弗斯被这突如其来的控告彻底击垮了。他无言以对。他试图开口说话，却支支吾吾、结结巴巴，什么也说不出来，然后跌落在椅子中，面色苍白，浑身发抖，茫然不知所措。尼禄和军事法庭的其他成员相信他一定有罪。他被抓住并戴上了镣铐。和其他人一样，经过简单的审讯，他被判处死刑。他哀哀切切地乞求饶命，但尼禄残忍无情，立刻处死了他。

在面对控告时，同谋者弗拉维乌斯展示出了完全不同的个性。起初，他否认对他的控告，用自己一贯的高尚人品和整个人生经历作为他清白的证据。然而，那些举报他的人很快便提供了证明他有罪，且无可置疑的证据。他立刻改变了立场，公开承认自己的确参与了这场阴谋，哪怕是在尼禄面前，他也为之感到骄傲。当尼禄问他怎么可以违背效忠皇帝的誓言，阴谋对君主的性命不利时，他公然、愤怒地说道："那是因为我厌恶你、憎恨你，因为你是一个不近人情的妖怪。在你的军队中，曾经没有人比我更忠诚，但那样的时代已经过去了。你的残忍和你犯下的罪过让全世界的人都对你充满厌恶和憎恨。你谋杀了你的亲生母亲，又谋杀了你的妻子，并且你还是一个毁灭罗马城的纵火犯。对这些十恶不赦的罪恶，你还不满意，又在全罗马人的心中腐化堕落成一个最卑鄙的江湖艺人和跳梁小丑，成了众人耻笑和厌恶的对象。我恨你，我鄙视你。"

当然了，听到这样激烈的言辞，尼禄惊得目瞪口呆。以前除了他母亲，从未有人敢如此大胆地违抗并谩骂他。惊愕过后，继之而来的是狂怒，他命令手下将弗拉维乌斯拖出去立刻斩首。

行刑的百夫长将弗拉维乌斯带出城，来到一片田野上，然后命令士兵们开始挖掘坟墓。在使用军法处死某人时，他们往往会挖掘坟墓，而弗拉维乌斯则在做其他必要的准备。士兵们匆忙地挖着，马马虎虎，敷衍了事。弗拉维乌斯在一旁嘲笑他们，轻蔑地问道："你们认为军人的坟墓这样挖合适吗？"最后，一切准备就绪，生死关头终于来了。弗拉维乌斯露出脖子，走上前去勇敢地接受自己的命运，并且调侃地告诫那个行刑的刽子手要坚定果断。他说："我倒是有胆量接受自己的命运，就是不知道你有没有胆量砍下我的头。"在这样的情况下，要砍下这样一个人的脑袋，即便是对一个罗马士兵而言，也是一件非常可怕的苦差事。在行刑的过程中，这个刽子手心神不定。砍头本应该一鼓作气、一蹴而就，但他发现自己在砍下去的一瞬间，手软腿酸，力气全无，以至不得不再补一刀，才使弗拉维乌斯的头颅与身体分离。这名军官担心当他把弗拉维乌斯的头颅呈到尼禄面前时，可能会引起尼禄对他的怀疑，就好像他没能迅速果断地砍死这个谋逆者。因此，在回去向尼禄复命时，他吹嘘道："我让这个反贼死了两次，两刀结果了他的狗命。"就好像他是故意砍了弗拉维乌斯两刀似的。

在这场最不幸的阴谋中，最令人感到悲哀的或许是赛内加的命运。读者可还记得，赛内加早年一直是尼禄的老师和监护人，后来成为他政府中的一位大臣。他现在已年近古稀。他不仅因长期以来身居高位而受到尊敬，还因文化修养和高洁的品性而受人仰慕。事实上，他那些汗牛充栋的著作为他赢得了广泛的文学声誉。

但尼禄憎恨赛内加，早就想把他扫地出门。根据当时的报告，人们普遍认为，尼禄曾经试图毒死他。无论事实如何，毫无疑问，尼禄想找机会对付赛内加。这场阴谋发展到最后，恰恰给他提供了这样的一个机会。

在证词中，纳塔利斯说，他认为赛内加和这场阴谋有关，因为他想起有一次赛内加生病在家，他被派去向赛内加传达皮索的消息。消息是：皮索多次登门拜访赛内加，却都吃了闭门羹。赛内加的回答是：之所以闭门谢客，是因为身体欠佳，但他对皮索非常友好，并祝愿皮索飞黄腾达，马到成功。

尼禄认为这就是赛内加秘密参与这场阴谋、暗自挑唆皮索造反的证据。尼禄决定，首先派一名军官率领一队士兵去逮捕他，然后告诉他犯的罪行。赛内加当时不在罗马城，而是去了一个叫坎帕尼亚的美丽乡村。坎帕尼亚位于罗马城以南,米塞努姆以北。然而,他那天正在回罗马城的路上,在一栋属于他的、名为诺蒙特努姆的、离罗马城几英里远的别墅里过夜。尼禄派去捉拿他的军官西尔瓦努斯就是在这里遇到了他。当西尔瓦努斯和士兵们到来时,赛内加正和妻子帕莉纳坐在晚餐桌旁享用美食。

士兵们包围了别墅,以防任何人逃跑。门口也安排了士兵。西尔瓦努斯和一些同伴走进别墅,走进赛内加正在就餐的大厅,然后向他说明来意。西尔瓦努斯重复了纳塔利斯提供的关于皮索和赛内加之间传递信息的证词。赛内加承认这是事实,但宣称自己传递给皮索的消息仅仅是出于礼貌和友好,这么日常的套话根本说明不了什么。西尔瓦努斯发现再也得不到别的解释,就把赛内加留在别墅里,并派重兵把守,自己则回罗马城向尼禄汇报。

听了西尔瓦努斯的报告,尼禄问他,在听到对自己的指控时,赛内加有没有吓得魂飞魄散,当晚有没有自杀的可能。西尔瓦努斯回答道:"没有。他一点儿都没有表现出来害怕、激动、悔恨或难过,他的言行表明他头脑冷静,坚定自信。"

尼禄回答道:"回去告诉他,让他做好必死的准备。"

听到这样的命令,西尔瓦努斯简直惊呆了。他真的不敢相信尼禄会把这样一个年事已高、博学多才、亦师亦父的人处死。因此,西尔瓦努斯没有直接回到赛内加的别墅,而是去找皇家卫队的军官,请他拿主意。这个军官虽然也是同谋者之一,但还没有被揭发,还是自由之身。他因迫在眉睫的危险而害怕得浑身发抖。听了西尔瓦努斯的诉说,军官说道,除了老老实实地去传达皇帝的旨意,别无他法。

因此,西尔瓦努斯无奈地回到了赛内加的别墅,但不忍心亲自把这样的消息告诉他,便派了一名百夫长进去传达皇帝的旨意。

赛内加心平气和地接旨,立刻开始准备结束自己的生命。他的妻子坚持要和他共赴黄泉。他把亲友们叫到一起,一一嘱咐他们,跟他们说再见,然后命令仆人们做好切开他的血管的准备。接下来的场景与哀悼、死亡有关,既令人悲伤,又吓人,古代史的这一段由此变得无比黑暗。该场景实在惨不忍睹,无法用语言形容。赛内加镇定自若,这既与亲友们的伤心欲绝、大放悲声形成了鲜明的对比,又与帕莉纳绝望的沉默形成了鲜明的对比。赛内加的血管被切开后,血一开始并没有流出来,于是只好借助各种人工的方式,加速生命迹象的消失。最后,赛内加终于停止了呼吸。然后,家人们哭天抹泪地乞求士兵们允许,如果还来得及,挽救帕莉纳的性命。士兵们同意了。因此,当帕莉纳无助地在他们面前昏迷过去时,女人们把她的伤口包扎好,止住了血。她们精心地照料她,希望她能活下来。她们成功了,她活了下来,确切地说,是貌似活了下来。因为在她随后度过的孤寂凄凉的几年中,她再也没有恢复到以前的状态。

这场阴谋的发现,在尼禄心中激起的狂怒,使另一名位高权重的罗马公民蒙冤受屈,他就是执政官维斯提努斯。维斯提努斯品德高尚，从来不会卑躬屈膝，所以总会违抗尼禄的命令。他执政官的位子是帝国最高的民事官职，对罗马人的影响很大，因此，尼禄对他又恨又怕。事实上，他的个性如此独立，如此"难驾驭"，正如他们有时会如此评价他那样，以至在经过深思熟虑后，同谋者们决定放弃让他入伙的念头。尽管他如此清白，但尼禄并不知道这一事实。不过，无论如何，这样一个可以消灭仇敌的机会岂能就此放过！因此，在阴谋被发现后不久，尼禄就派了一名保民官，让他率领五百名士兵去逮捕这位执政官。

尼禄派了这样一支军队前去逮捕这位执政官，部分是由于执政官身居高位，尼禄不知道他会采取什么样的抵抗措施；部分是由于他的府邸坐落在罗马城里最开阔的地方，俯瞰着罗马广场，并且本身就是一座城堡。维斯提努斯众多的家丁和家臣，足以构成一支保家护院的武装力量。碰巧的是，当尼禄派人前去逮捕他时，他正在家里宴请一大群朋友。欢宴突然中断。这么多士兵突然出现，让所有人惊慌失措，恐惧不安。他们封锁了所有出入口和道路，将这所宅子团团围住。里面的人一个也不许出来，就好像他们包围的是敌人的城堡一样。几名家丁被派进去传话。他们走进维斯提努斯的宴会大厅，告诉维斯提努斯保民官有重要的事情和他商议。

执政官深知尼禄的性格及这个暴君对他心怀仇恨，也明白这场阴谋正好给了尼禄迫害自己的机会。因此，他马上意识到自己大限已至。在这个可怕的紧急关头，他的做法和他一贯的不屈不挠的性格相一致：他没有服从保民官的召唤，而是立刻去了一个私密的房间。他准备好洗澡水，躺进澡盆里以便促进血液流动，然后召唤他的医生切开了他的血管。几分钟后，他便停止了呼吸。

执政官的死讯被报告给尼禄，尼禄十分满意。然而，他继续让士兵们包围执政官的宅子，将客人们监禁在宴会厅里长达几个小时。当然了，在此期间，客人们的心里充满忧惧与悲痛，因为在危急关头，每个人都必然会有这样的感觉。当客人们的焦虑和激动被报告给尼禄时，他开心极了。他说，他们终于为执政官的这顿晚餐付出了代价。就这样，他让执政官的客人们心惊肉跳地度过了好几个小时，直到天亮才命令士兵们撤离。

这场阴谋使成千上万的人成为尼禄用来撒气解恨的牺牲品。受害者的人数如此众多，以至街上连续好几天都不断在上演行刑的场面，或者走过送葬的队伍。悲伤与荒乱的气氛笼罩着全城。然而，没有一个人敢表现出哪怕一丁点儿的伤心或恐惧。人们担心，对受害者的同情或对自己的担忧，都会被看作证据，证明他们与这场阴谋有牵连。因为许多被处死的人，都是以这样或那样的借口，或无足轻重的伪证而被判刑的。因此，对每个人而言，哪怕被杀害的是他们最亲密的朋友，也要装出兴高采烈的样子，因为针对如此"英明"、如此"优秀"的君主的阴谋被曝光了，"罪大恶极"的"反贼们"得到了应有的惩罚。失去了儿子的父母，失去了丈夫的妻子和失去了父亲的孩子，无论走到哪里都被迫装出高兴的样子，一起向皇帝表示庆贺。他们还组织了锣鼓喧天的游行、热情洋溢的演讲、品种丰富的供奉、五花八门的比赛、精彩绝伦的表演。家家户户张灯结彩，全城上下一片欢腾。就这样，罗马城里虽然表面上一派祥和，但人们的内心深处暗流涌动，充满了焦虑、悲伤与恐惧。

足够数量的罗马公民被杀害后，尼禄集合军队，就这场阴谋及自己有幸脱离危险做了一场演讲。之后，他从国库支取了一大笔钱分给军队，以便每个士兵都能分到一份慷慨的赏赐；他还从公共粮仓中拿出大量粮食分拨给军队。这一行为及它反映出来的尼禄和军队之间的关系，解释了一个旁人难以理解的神秘现象，那就是一个人怎么可能让古罗马那样庞大的帝国中的芸芸众生，完完全全地臣服于他的统治之下？以致他一句话或一点头，就能让任何最有名望、最有影响力的人被抓捕并砍头，或被刀剑刺穿心脏？答案就是军队。给独裁的暴君十万或二十万亡命之徒，组织起来，全副武装，签订契约，契约中写道："帮我掌控、压制并掠夺劳苦大众，我就会给你一大笔战利品，并且这份工作非常容易。"世界上存在的政府通常都是按照这一契约形成的。庞大的军队获得授权，通过有计划地掠夺成千上万的、默默辛勤劳作的、为全世界提供衣食的劳苦大众，从而获得自己的回报。人类现在开始发现并采用的补救方法同样简单。成千上万辛勤劳作的劳苦大众正学着将武器牢牢地掌握在自己手中，防止军队集结起来变得趾高气扬、残忍暴虐，达到专制的、不负责任的程度。

在尼禄的例子中，人们如此敬畏罗马军团可怕的力量，甚至连元老院的元老们都恭敬地向罗马军团鞠躬。元老们和其他人一起，奉承可恨的暴君；他们颁布法令，规定献祭的祭品和公共感恩活动；他们修建新的神殿，向神灵表达感激之情，因为神灵显灵，解救了皇帝；他们创立新的比赛和节庆，表达全民欢腾的心情；他们修建雕塑和纪念碑，纪念那些检举揭发阴谋有功的人。米利奇乌斯献出的、差点杀死尼禄的那把短刀或匕首被刻上了合适的铭文，当作一个圣物，庄严地保存在罗马城里的一个神殿里，供子孙后代瞻仰。总之，暴君逃过一劫，并迫使人们装出快乐的样子，但快乐是广大人民本就应该得到的。

然而，尽管如此，根据对尼禄本性的判断，当时人们认为，事实上，从此以后人们一直这样认为，到底有没有所谓的阴谋是值得高度怀疑的。人们普遍相信，所谓的阴谋只是尼禄的精心设计，只为给他提供貌似可信的借口，用来杀害大量对他心怀憎恶的人们。我们也许无法相信，罪恶滔天的尼禄竟然能统治罗马人这么长时间，却没有激起他们的拼死反抗。或许我们会接受这种观点，并认为这场著名的阴谋完全是他自己的胡编乱造。

第 12 章　*CHAPTER XII*

希腊之行（65年）

The Expedition into Greece (A.D. 65)

皮索谋逆是真是假，我们难下定论。他的阴谋遭到揭露，随之而来的杀人如麻、血流成河的白色恐怖。这两件事情引起的兴奋和激动刚刚过去，尼禄便又恢复了往日的生活方式。事实上，他比以往更野蛮凶残、堕落不堪。他白天慵懒怠惰，晚上则饮宴闹事。因此，他很快成为公众鄙视和厌恶的对象。现在他唯一想的，似乎是在舞台上当一个出类拔萃、名扬四海的演员或歌唱家。

前面两章讲述的阴谋所引起的兴奋和激动慢慢消退后，公众的注意力开始转向日益临近的一个重大节日，到时会有丰富多彩的表演和比赛，被称为"五年赛事"，因其每五年才举办一次而得名。在该赛事中，表演的一个主要环节就是专门为参赛选手准备的有奖竞赛。这些奖项一部分是为那些在运动、力量和灵活度方面获得优胜的人准备的，另一部分则是为歌手、舞者和公共舞台上的其他演员准备的。尼禄禁不住诱惑，想要利用这一重要的时机展示自己的才华，所以就准备作为竞争者与其他演员和江湖艺人一起争夺演艺奖。

在古代，人们对公共舞台上演员的看法几乎和现在一样。演员赢得掌声，受到吹捧，获得拥抱，收入丰厚，但社会地位非常低。就拿现在来说吧，著名的歌星财源滚滚，日进斗金，他们的收入或许不是国家最高大臣薪水的两三倍，而是十倍。他们往往会受到社会最高阶层的关注和吹捧；在大街上总被追星族围追堵截；在城市里，总有壮观的随行队伍护送他们。然而，在看到自己的儿女在旁边的舞台上表演时，几乎没有哪个来自较高阶层的、受人尊敬的公民不感到丢人现眼。

同样，在尼禄的时代，当看到帝国的最高军事长官公开地在台上表演，迫切地与唱歌的男女、低贱的喜剧演员、舞者、小丑及诸如此类的角色同台竞技时，罗马帝国的公众认为这种做法实在有失身份。事实上，当五年赛事临近时，为了防止皇帝真的出现在舞台上，元老院除了颁布与五年赛事庆典相关的法令，还一致投票同意授予尼禄荣誉花冠和奖品，并承认他不必通过比赛就能成为第一名。但尼禄对此并不满意。事实上，公开地宣布他为胜利者,这样的荣誉或许对他并没有太大的吸引力。他希望享受竞赛的刺激与快乐——看着观众济济一堂地坐在面前,因他的表演而陶醉入迷。在这样的时刻,听着罗马圆形大剧院里雷鸣般的掌声,那种成功的喜悦无以言表。总之,一句话,尼禄上台表演的动机是渴望自我展示,而不仅仅是得到荣誉和奖励。

因此,他全然不顾元老院授予他的荣誉和奖励,坚持走上舞台。他的第一个节目是朗诵一首自己创作的诗。当然了,这首诗赢得了经久不息的掌声。后来,他又和竖琴演奏者及其他音乐演员同台竞技。平民百姓为他的表演热烈鼓掌,而那些受人尊敬的高层贵族要么沉默不语,要么交头接耳、议论纷纷、低声抱怨。在这些竞赛中,参赛选手必须遵守许多规则和限制。对普通演员那一阶层的人来说,参赛获奖并没有什么不合适的,但对皇帝尼禄来说,屈尊混迹于他们当中,就会遭人轻视和嘲笑。比如,竖琴表演结束后,他会走到台前,像当时的演员们惯常的做法那样,跪下来,双手高高举过头顶，一脸谦卑的表情，似乎在恳求观众对他的表演做出肯定的裁决，然后颤抖地期待着观众的赞许。一想到这个演员是世界上最强大的君主，而他跪拜的观众，大多数是社会底层的平民百姓，这种强烈的反差让所有受人尊敬的罗马人都感到荒唐可笑。

然而，作为一个公众演员，尼禄的这些表演获得的名声逐渐传遍了整个帝国。这件事引起了希腊众多城市的特别关注。在那里，各种比赛和表演百花齐放，让人目不暇接。其中几个城市派代表团带着送给皇帝的花冠和花环去罗马城。他们把这些花冠和花环授予皇帝，旨在表彰他在表演艺术方面表现出来的卓尔不群的技艺和才华。对授予自己的这些荣誉，尼禄感到非常满意，用盛况空前的游行队伍接待了这些给他带来荣誉的代表团，就好像他们是至高无上的君主或国家派来的大使，前来办理最重要的事务似的。事实上，他不仅在公共场合接见并设宴款待他们，还给他们安排表演，公开向他们表示关心和敬意。有一次，他邀请这样的一个代表团前来赴宴，席间一个代表求他赐予他们一首歌，他毫不犹豫地答应了。他为在座的客人们唱了一首歌，赢得了热烈的掌声。他的表演在客人们心中激起的热情让他心花怒放，以致他大声惊呼道："终究希腊人才是唯一具有音乐品位的人。"他说，除了他们，没人能理解或欣赏一首好歌。

古希腊所有庆祝活动中，最著名的当数奥林匹克运动会。这些比赛形成了一个全国性的、盛大的节日庆典，在伯罗奔尼撒半岛西部的一个被称作"奥林匹亚平地"的地方，每四年举办一次。这个依山傍水的平地仅有一平方英里大小。在这里修建了适合各种比赛和表演的场馆，以及供观众吃住的公寓。每当奥林匹克运动会开幕前，人们就会从希腊各地云集到此，见证这神圣庄严的时刻。然而，观众全是男性，因为除了几个贞女有应尽的职责，女人们不允许在场，违反了这条规定的女人会被处死。法律规定，如果哪位女士女扮男装前来观看比赛和表演，一经发现，就会被抓住扔下附近的悬崖活活摔死。然而，据说这样的事情只发生过一次，但那位女士最终被原谅了，因为她的父亲、兄弟和儿子都在比赛中获胜了。

奥林匹克运动会连续进行五天，整个流程做了总体的安排，裁判员由奥林匹亚平地所在的城邦伊利斯政府任命。附近有一个竞技场，那些意欲参赛的人已习惯在那里接受训练。这样的训练几乎需要一年时间，正式比赛前的一个月内，要在竞技场进行彩排，其形式跟正式比赛别无二致。有一大批定期组织的警察来维持秩序。被正式任命的裁判员们判定比赛的输赢，并给优胜者颁奖。这些裁判员在就职时要庄严宣誓，通过这些誓言，他们保证会勇敢、公正地做出评判。

那一刻终于来临后，通过供奉牺牲，人们宣告节日的开始。祭祀仪式以最令人难忘的庄严方式进行。第二天早上，天一破晓，比赛和竞赛就开始了，包括赛跑、跳跃、摔跤、拳击、掷铁饼及各种形式的音乐和诗歌表演。赛跑又分为战车比赛、骑马比赛和徒步比赛。徒步比赛的运动员，有时轻装上阵，有时则穿着沉重的盔甲。在整个希腊世界中，在这些竞赛中获奖被认为是至高无上的荣誉。

带着赞美和花冠来拜见尼禄的希腊代表团，对他在罗马城的公开表演表示了敬慕与赞赏。他们走后不久，碰巧举办奥林匹克运动会的日子一天天地接近了。怪不得这场盛大的赛事会如此强烈地吸引尼禄的注意，并激发他的兴趣。简而言之，他决定去希腊，在奥林匹亚平地上万头攒动的、地位尊贵的观众面前展示自己的才华。

因此，他组织了一个声势浩大的随行团队准备出发。这个团队的人数堪比军队，实际上却只是一个演出团队，其成员或多或少都和舞台有关联，包括喜剧演员、小丑、歌手、舞者、乐师和摔跤运动员及一大群闲散无聊、腐化堕落的男女。他们的行李主要是竖琴、小提琴、面具、厚底靴及那时常用的其他舞台道具。这有别于以往，当一个强大的罗马帝国指挥官率领部队穿过意大利平原时，行李都是武器和军需物资。带着这些人，尼禄到了意大利东海岸，从那里坐上早已为他准备好的帆船，横渡亚得里亚海，然后到达了希腊海岸。

他们在科西拉岛北边的一个小镇卡西欧佩登陆。那里有一座朱庇特神殿，是尼禄希腊之旅的第一站。他一登岸似乎就急不可耐地想让希腊人小小地见识一下他的才华。登陆后，他坐船向希腊腹地行进，一路上经过的所有城市他都会停下来表演、歌唱、游玩。由于离奥林匹克运动会还有几个月，尼禄有足够的时间享受这次自由随意的旅行。当然了，他每到一处都会赢得经久不息的掌声，这自然是因为在通常情况下，那些最乐意参与这种娱乐活动的人，也是最希望尼禄作为演员展示自己的人。他们云集到此做他忠实的观众。这样一来，恰恰是那些正直善良、有文化、有修养的人留在了家里，而这片土地上那些懒汉闲妇、放荡不羁的人却如潮水般涌来，观看他们至高无上的来访者为他们提供的节目。当然了，这些人认为，为了给他们带来快乐，这样一位尊贵的君主竟然如此卖力地表演，这对他们而言无疑是一份莫大的荣耀。因此，无论尼禄走到哪里，身后总会有一大批跟随者；他的节目无论好坏，在人们的言谈中总是赞不绝口，在剧院的表演中总是掌声雷动。结果，尼禄为自己的表演在希腊各地激起的热情而感到欢欣鼓舞。在希腊众多的城市受到如此热情的欢迎和接待，似乎实现了他最大的梦想。

人们总是认为，尼禄把皇帝的重大责任扔到一边，只是为了混迹于这些场合，参与希腊最普通的剧院和马戏团举行的竞赛，这充分证明了他自轻自贱、自甘堕落。然而，他很乐意作为参赛者出现在奥林匹克运动会上，这并不让人感到奇怪，因为这些比赛比当时其他任何体育、军事竞技都更著名。在这些比赛中获胜，其荣誉是无价的。的确，授予胜利者的奖品本身是没有价值的，没有金冠，没有银杯，也没有大笔钱财作为资助，唯一的奖励就是一个橄榄枝花冠，在竞赛结束时被戴在胜利者的头上。有关这顶花冠的一切都与令人印象深刻的、稀奇古怪的仪式相关。做花冠的橄榄枝条是从奥林匹亚一个果园里的一棵神圣的橄榄树上采下来的。据说，这棵树起初是由大力神赫拉克勒斯从住在遥远的北方的希伯尔波利安人的国度移来种在奥林匹亚的，并得到了精心的保护，为比赛的胜利者提供花冠。用于做花冠的橄榄枝条，是由一名特意被选中的少年，用一把专用的金镰刀从这棵神树上砍下来的。当给胜利者戴花冠时，他们被带到济济一堂的观众面前，站到一个起初用青铜铸成、在后来往往用象牙或金子制成的三角桌上。他们手拿通常象征着胜利的棕榈叶。传令官会在庄严的仪式上宣布他们的名字、他们父亲的名字及他们祖国的名称，然后把橄榄枝花冠戴到他们头上。接下来是盛大的游行、供奉和盛宴，借以纪念这一庄严的时刻。之后，庆典宣告结束。胜利者回到自己的祖国后，游行队伍会簇拥着他们进入首都。在这里他们被授予象征至高殊荣的豁免权。

最后，当奥林匹克运动会开幕时，尼禄和其他从希腊各地赶来这里的比肩接踵的参赛者们进入了会场，在这里跟当时所有普通的歌手和运动员们参加了比赛。音乐的优胜奖被颁给了尼禄。然而，人们普遍认为是因为他贿赂了裁判，所以才会获胜。尼禄还参加了战车比赛，同样成功获胜，但这次给他颁奖显然公开违反了规则。比赛中，他承担驾驭十匹马的任务，可他发现，这十匹马实在难以控制。马儿们根本不听他的使唤，他还从马车上摔下来受了重伤，不能完成比赛。然而，尼禄坚持认为事故和伤亡根本不用考虑，要不是因为受了伤，他绝对能够战胜对手，他要求裁判把大奖颁给他。让他欣喜若狂的是，裁判竟然照他说的把大奖颁给了他。他们的确发过重誓，要公平公正地做出裁决，但在世界历史的长河中，人们发现，正式的宣言也不能违抗皇帝或国王的要求或命令。

在奥林匹克运动会上取得的这些成就，本身是有名无实、毫无意义的，却似乎比以往更加激起了尼禄的虚荣和梦想。比赛结束后，他没有回罗马帝国，而是开始了另一次穿越希腊腹地的旅行，在所有经过的城市里歌唱、游玩，挑战所有前来拜见他并与他争夺大奖的著名演员。

当然了，在这次旅行中，奖品总是会颁给尼禄，正如在奥林匹克运动会上一样。每次表演过后，他总会给家里写信，把自己胜利的消息告诉罗马元老院，就像以前的皇帝总是习惯给罗马元老院发送战报通知军队的进展及他们在战斗中获胜的情况。尼禄的贪慕虚荣、愚不可及，简直令人难以置信，他竟然要求元老院在罗马城举行宗教庆典和祭祀活动，组织大规模的公众游行，以便宣传并纪念这些伟大的胜利，并表达人们对神灵的感激，因为这些成功是神灵的恩赐。他不满足只在罗马城组织欢庆的游行队伍，所以就要求元老院颁布命令，在罗马帝国所有城镇组织同样的游行队伍。

尼禄访问希腊期间曾经做过一件有可能会利国利民的大事。但在做这件事的过程中他干尽傻事，贻笑大方。不出所料，这件事惨遭失败。他设想的计划是挖通科林斯地峡，以便打开爱奥尼亚和爱琴海之间的水上通道。那时，伯罗奔尼撒半岛海岸边每年都会发生多起海难，往往伴随着严重的财产和生命损失。他认为，这样的一条运河能让许多大船省去绕道伯罗奔尼撒半岛的漫长又危险的旅程，从而避免发生海难的危险。如果在实施的过程中采取正确、有效的方法，那么这一计划本身非常有意义。但在这方面，他似乎完全只是为了作秀。他用华而不实的仪式启动了这项工程，但似乎并不想继续后续的工作，只是招来熙熙攘攘的人群来见证这一时刻并用节目和表演来娱乐观众。然后，他做了一个演讲表明自己的主张，并做出承诺。随后，他率领卫队及浩浩荡荡看热闹的人们，一路上载歌载舞，来到将要破土动工的地方。他在这里用一把专门为此打造的黄金鹤嘴锄挖了三下，然后把挖出来的泥土放进一个篮子里。他把篮子带到不远处，把泥土撒在地上。这一仪式意味着运河动工。仪式结束后，人群散去，尼禄在卫兵们的护送下回到了离现场几英里远的科林斯城。

尼禄随后颁布了命令，要求希腊所有罪犯都去科林斯地峡挖运河。一些犹太俘虏曾经被征用来挖运河，但不知道为什么，实质性的工作进展一点都没有取得。

与此同时，尼禄将罗马政府交到了一个叫赫

利乌斯的卑鄙无耻的宠臣手里。在尼禄离开期间，由赫利乌斯来掌管军队，所有居民的生死荣辱全都掌握在他手里。不出所料，他采用高压政策进行残酷的统治，试图威慑并使那些处于他统治下的人们俯首帖耳。结果他激起了人们普遍的仇恨和敌意。事情发展到后来，形势变得如此令人担忧，以至这一次轮到赫利乌斯害怕了。他开始派人去恳请尼禄回罗马城。尼禄起初并没有把这些请求放在心上。然而，形势变得更危急了，已经到了火烧眉毛的程度。全面暴动一触即发，赫利乌斯十万火急地派了一拨又一拨信使前去面见尼禄，对他说如果他不希望自己面临毁灭，就火速回来。然而，乐不思蜀的尼禄给他的回答都是一样的，赫利乌斯如果真的对他这个皇帝敬爱有加，就不该嫉妒他在希腊获得的荣耀，不该催他回来，而应该祝愿他完全获得胜利以后再凯旋。最后，对千钧一发的危险感到绝望的赫利乌斯离开罗马城，快马加鞭、星夜兼程地去希腊面见尼禄，对罗马的形势做了如此这般的说明后，尼禄这才极不情愿地决定回家。

在罗马卫队的护卫下，他又浩浩荡荡地出发了，带着那由歌手、舞者、诗人、演员和江湖艺人组成的队伍浩浩荡荡地一路西行。他带回了在希腊各个城市获得的奖品，据说这些奖品的数量超过了一千八百个。在穿过希腊回罗马城的路上，他去了希腊古都德尔斐，向一位据说能够通神的女巫咨询自己未来的运势。女巫的回答是："小心七十三。"这个回答让尼禄感到很满意，也很高兴。他确信这句话的意思是，七十三岁之前他会平平安安。并且由于他还不到三十岁，这句神谕似乎在暗示那个不幸的日子还很遥远，所以他认为自己可以完全把它抛诸脑后。因此，为了这个讨人欢喜的预言，他用最贵重的礼物答谢了女巫，接着轻松愉快地继续回罗马城的旅程。

他乘坐的那艘船在横渡亚得里亚海返回意大利的途中遭遇了可怕的暴风雨，差点迷失航向。船队乱作一团，很多人葬身海底，尼禄本人也九死一生。他的一些随从看到他命悬一线，似乎喜出望外，因为他飞扬跋扈，心狠手辣，所有受他高压统治的人都对他恨之入骨，似乎只要能亲眼见证尼禄的毁灭，他们甚至愿意献出自己的生命。就在那生死存亡的关头，他们公开表现了这种情绪。然而，那艘船奇迹般地得到了救援，上岸后，尼禄立刻命人将这些人全杀掉。

上岸后，他将被暴风雨驱散的剩余人马召集到一起，组成了一支新的护卫队，向着罗马城迤逦而行。他向经过的所有大城市的全体公民展示他的奖品和花冠，并要求他们向他致敬。当到达罗马城门时，他准备以伟大的军事征服者的姿态，高奏凯歌，声势浩大地进城。城墙上被打开了一个缺口，以便浩浩荡荡的队伍能够顺利通过。尼禄驾着奥古斯都的凯旋战车，身边坐着一位著名的希腊竖琴乐师，头戴一顶奥林匹克花冠，手里还捧着一个花冠。这辆战车前面走着一千八百个人，每人手捧一个尼禄赢得的花冠，以及一块观众可以读到的铭文。铭文的内容包括赢得花冠的地点、皇帝对手的名字、皇帝演唱的歌曲及其他诸如此类的细节。

他就这样穿过了罗马城的主要街道，向老百姓展示他的奖品，炫耀着自己。最后，当到达皇宫时，尼禄昂首阔步地走进去，并命人将这些花冠戴在皇宫和大厅里随处可见、不计其数的他自己的塑像上。他最看重的那些花冠，则被放在他寝宫中卧榻周围最显眼的地方，以便他每天晚上休息前最后一眼看到的是它们，早上醒来时第一眼看到的还是它们。

在罗马城安顿下来后，他开始制订新的计划，发掘自己作为音乐家的天赋，希望获得比那些他已经获得的荣誉更大的成功。对帝国的政务，他不闻不问，把所有时间和精力都花在培养和开发自己的艺术才华上，并热情洋溢、乐此不疲。根据当时流行的对乐师的训练习惯和方法，让他这种身份和地位的人屈尊去遵循那些规则和练习十分可笑。由于他的生活方式在街头巷尾被人们传得沸沸扬扬，他成了民众嘲笑和轻视的对象。为了增强肺活量，改善嗓音，他常常平躺着把一大块铅放在胸膛上，在铅块的重压下，肺部通过锻炼变得更强健；他还吃当时据说可以强身健体、清嗓润喉的特效药；他的饮食也严格遵守要求。罗马帝国皇帝经常有机会在军队和元老院面前演讲，但尼禄担心这样大声讲话会伤害嗓子，使声音不再美妙动听，所以从此放弃了演讲。他有一个特殊的皇家职位，叫Phonascus，意思是"嗓子管理员"。担任这一职位的官员会一直守护着他，提醒他说话不要太大声或语速不要太快；为他开处方，想方设法保护他的嗓子不受任何伤害。在此期间，尼禄不断在公共场合表演，尽管他的表演十分冗长乏味，但所有罗马贵族还是被迫前来观看，因为他们明白，他要是不高兴了，对他们的处罚会有多么可怕。

由于尼禄继续追求自己的艺术生涯，完全将政务放在一边，一年比一年奢侈浪费、挥霍无度，最后导致财政吃紧，国库亏空。为了敛财供自己使用，他借助各种手段巧取豪夺、敲诈勒索。后来，因为手头拮据，以致他竟然相信一个来自非洲的投机商人的梦境和承诺，这一不同寻常的蠢行最终让他更加囊中羞涩。这家伙叫毕苏斯，是个迦太基人。他曾经来罗马城通过贿赂尼禄的御用军官，设法得到了一个面见皇帝的机会。他说自己有非常重要的情报向皇帝汇报，那就是在非洲的土地上，有一个巨大的洞穴，里面藏着数不清的财宝。他说藏着这些宝贝的洞穴里面非常宽阔，金子堆积如山，高不可攀。他说这些金锭虽然粗糙无形，纯度却很高。他还说这些财宝是古迦太基的皇后迪都藏在那里的，由于年代久远，已经没人知道它的存在。总之，它就是为尼禄留下的，现在只要挖出来，就可以任由皇帝处置，使皇帝的统治更加辉煌和荣耀。

尼禄乐不可支地听信了这个故事。由于按捺不住激动的心情，他忙不迭地把这个妙不可言的消息告诉了身边的人们。消息很快传遍了罗马城，让三教九流、各行各业都激动不已。尼禄立刻着手组建了一支探险队，命它前去非洲把财宝运回家。他准备了多艘大帆船专门运送财宝，还派遣了一支军队负责来回护送，并指派合适的军官与毕苏斯一起去迦太基，监督财宝的转运工作。这些准备活动自然需要花费不少时日。在这个间隙，毕苏斯自然成了全民关注和敬重的焦点。而尼禄本人，发现自己马上会拥有取之不尽、用之不竭的金银珠宝，便将对财政的担心抛到了九霄云外，出手更阔绰，排场更奢华。为了让自己今朝有酒今朝醉，他把这笔还只是存在于人们想象中的财宝分成小份，以很高的折扣售出，通过这种方式聚敛了大量财富，供他当下吃喝享乐。

最后，探险队带着毕苏斯，出发赶往迦太基。然而，到达目的地后，所有寻找洞穴的努力都是徒劳的。结果证明，毕苏斯说的所有关于洞穴及洞穴中埋着的宝藏的话完全出自他曾经做过的一个黄粱美梦，尽管尼禄的探险队员们在梦境提示的所有地点深信不疑地挖地三尺，但最终没发现一件珠宝，甚至连洞穴的影子也没有发现。

第 13 章　　*CHAPTER XIII*

尼禄之死（66年）

Nero's End (A.D. 66)

在罗马历史上，尼禄的继任者是加尔巴。加尔巴虽然出自一个威名赫赫的罗马家庭，却出生于西班牙。他比尼禄年长四十多岁，现在已年过七旬，而尼禄刚刚三十岁。

在加尔巴的一生中，他曾经是一个杰出的指挥官。他步步高升，直到最后成为罗马帝国一位举足轻重的人物。尼禄后来任命他掌管西班牙一个幅员辽阔、至关重要的行省。加尔巴在这个职位上待了数年。当尼禄从希腊回罗马帝国时，他正好在罗马城定期履行自己在政府的职责。加尔巴本人和其身边其他政府官员对尼禄的残忍暴行感到愤怒，对他为了虚荣自甘堕落、丑态百出表示轻蔑，而这和当时在罗马民众中广泛流行的对尼禄的态度完全一致。事实上，对暴君的愤怒和憎恨的情绪开始在整个帝国蔓延，而各地的百姓似乎都做好了反叛的准备。

当事情处于这种状态时，有一天，一个叫维迪克斯的高卢人首领派来一位信使。这位信使来到加尔巴的官邸，告诉他维迪克斯已经举兵造反，反抗在高卢的罗马帝国政府。然而，这位信使宣布维迪克斯只想反抗尼禄的统治，并许诺只要加尔巴愿意夺取帝国军队的最高指挥权，维迪克斯愿意向他效忠，并将全力以赴支持他的宏图伟业。这位信使还说，现在人人憎恶尼禄，毫无疑问，一旦加尔巴发动政变，整个帝国都会群起响应支持他。在维迪克斯派来这名使者的同时，他隶属的高卢行省的罗马帝国政府也派来了一名使者，告知维迪克斯叛乱的消息，并请求他派兵援助，平定叛乱。加尔巴召开了一个军事会议，公开讨论这件事。

加尔巴的一个亲信站起来说，公开地加入维迪克斯的反叛阵营，与在会议上讨论他们应该怎样做相比，犹豫的危险并不比公开支持叛军的危险少。他说："尼禄会认为，怀疑并犹豫是否应该派兵镇压叛军跟公开叛乱同样不忠。因此，我建议，除非你想被看作支持叛军，否则就应该立刻派兵平叛。"

这条建议里包含的智慧给加尔巴留下了深刻

的印象。他强烈地想要支持维迪克斯及其起义军的事业。反复考虑后，他暗下决心加入他们，并采取措施全面发动政变。然而，他中止了会议，并没有把自己的决定告诉任何人。稍后，他派人到全省各地，命令召集他麾下的所有军队，并在全省范围内招募新军，要求他们在特定的地点集结，听他指挥。尽管没有公开地告知军队此次行动的目的，但将士们似乎已经猜到一二，因此以最快的速度满心欢喜地完成了集结任务。

与此同时，维迪克斯举兵造反的消息不胫而走，迅速传到了罗马城，接着又传到了那不勒斯，尼禄当时正在这里登台表演。听到这条消息，尼禄似乎不惊反喜。他想，叛乱自然会被易如反掌地镇压，到时候，他正好有借口要求叛乱的省份交纳罚金并没收叛乱者的财产，这样就能极大地充实他的国库。因此，听到叛乱的消息，他高兴得合不拢嘴，比以往更彻底又无所顾忌地投身到他追求并以此为乐的艺术表演事业中去。

新的消息不断从罗马城传来，让尼禄知道叛

乱的最新进展。消息说，维迪克斯的起义军每天都在不断壮大，并向人们发布公告，号召各地的民众起来摆脱忍受多年的不光彩的压迫的枷锁。在这些公告中，皇帝被称作"布瑞赞贝尔德"，被贴上了"卑鄙的小提琴手"这样的标签。这些讽刺的称呼激怒了尼禄。他给罗马元老院写信，要求他们采取措施镇压这些粗野无礼的叛军。发出这封信后，他似乎又把叛乱的事情抛之脑后，重新将注意力放在舞蹈和表演上。

然而，他的思绪很快被再次打乱，因为新消息不断传来，每次的内容都比前一次更惊人。显然，叛军已经锐不可当。尼禄被说服必须要采取有效的措施了。因此，他放弃了那不勒斯的娱乐活动。尽管极不情愿，他还是回到了罗马城。他一回到首都，就召集几位主要的大臣开会，就叛乱这件事简短地征求他们的意见。然而，讨论没有得出任何结论。随后，他拿出一些从那不勒斯带回来的、非常有趣的、新发明的乐器，向大臣们展示并介绍这些乐器后，他向他们许诺，不久以后,他就能让他们在舞台上欣赏到用这些新乐器进行的表演。他开玩笑地补充道:"假如这个维迪克斯同意。"

后来,大臣们离开后,只留下尼禄在他的寝宫里。然而,一躺下来休息,他就发现自己根本睡不着。他的心思全在刚才展示的那些新式乐器上,以及期待在公共场合演奏它们的快感。后来,夜已经很深了,他又派人去把大臣们叫到他的寝宫里来。他们带着激动和好奇来了,以为突然被召唤过来,一定是有什么新的紧急消息从高卢传来。然而,他们发现,尼禄只是想进一步介绍他展示给他们的那些乐器,并就他们走后他想到的对这些乐器的改进征求他们的意见。

尼禄这种疯狂愚蠢、对时势漠不关心的状态并没有持续多久,因为第二天傍晚,从北边来的一个信使带来了惊人的情报:维迪克斯自立为高卢王,而罗马军队中最有威望的将军加尔巴率领麾下的所有军团加入了叛军阵营;加尔巴现在正率领大军向罗马城挺进,公然要废黜尼禄,取代他，并自立为皇帝。

乍一听到这些消息，尼禄惊得呆若木鸡，好长时间都沉默不语，一动不动，就好像因惊吓过度而完全丧失了知觉和意识。最终恢复过来后，他又因愤怒和恐惧而陷入了极度疯狂的状态。他掀翻了餐桌，撕破了衣服，摔碎了两个珍贵的杯子，然后开始将脑袋不断撞向墙壁，好像真的疯了一样。他说他被毁了，没人像他这么可怜，他还活得好好的，皇权却要被谋反篡位的人硬生生地夺走，他完全毁了。

过了一会儿，尼禄激动烦乱的思绪似乎被转移到了别的事情上，他将怒火发泄在自己军队的将领们身上，不光是那些已经反叛的，还包括那些没有反叛的，因为他嫉恨并怀疑他们所有人。他说，他相信整个军队都参与了谋反。他要向各个行省和军营发布命令，杀掉大量他认为可能会背叛他的军官。要不是大臣们出面制止，他可能真的会这么做。他还提议抓住并杀掉所有那时在罗马城的高卢人，作为对他们的同胞参与维迪克斯的反叛的报复。尼禄支持者们的及时劝谏，几乎也不能阻止他这样做。

过了一段时间，尼禄恢复了镇静，开始计划组织军队对叛军发起反攻。因此，他下令招募军队，为他们提供武器和军用物资，同时向罗马人民征收重税，以支付这些开销。然而，所有这些安排激起了人们普遍的不满。人们看到皇帝做出的准备根本不足以应对这场危机，皇帝也不可能采取任何有效的军事行动。尼禄招不到军队，因为所有适龄青年都不愿意参加他的军队。为了弥补这一不足，他要求每个奴隶主派给他一定数量的奴隶。他给他们自由，然后代替士兵被征召入伍。在准备军需物资时，他没有把注意力放在筹集足够的武器装备、粮草马匹和其他行军打仗所需的物资上，唯一感兴趣的似乎是召集演员、舞者，收集乐器、舞台服装和道具。为了给这一行为找借口，尼禄坦言，他不希望自己的远征会导致任何大战。他说，他到达叛军的营地时会激发他们的正义感和忠诚。他会承认自己做过的所有错事，并庄严地承诺自己以后的统治会更温和、仁慈。他相信，这样一来，整个骚乱就会平息，叛军会立刻回到他们的军营。他为表演而做的这些准备就是为了庆祝和解。

当然了，这种疯狂绝望的蠢行激起了罗马民众对尼禄的轻蔑和愤慨。全城上下躁动不安，人心惶惶。正如以往在公众恐慌时占有钱财和物资的人做的那样，他们秘密地囤积粮食，很快便导致市场上粮食短缺。事实上，罗马城正受到饥荒的威胁。在这些事情引起的惊慌和焦虑中，两艘船从埃及驶来，停在奥斯提亚。这条消息让人们欢呼雀跃，因为他们以为这两艘船运来的是粮食。然而，事实证明，船上根本就没有用来救援首都的粮食或其他食物，而只有为皇帝的圆形大剧场铺设竞技场的沙子，以便角斗士和摔跤手在表演时站在上面。这件事似乎让民众的愤怒达到了极限。并且此时传来消息，说叛乱已经蔓延到了日耳曼，日耳曼行省的所有军团都投靠了加尔巴。人们开始认为尼禄的皇权走到了尽头。全城处处在爆发骚乱，集会盛行，公开藐视皇帝的权威，宣称等加尔巴到达罗马城，人民就会高高兴兴地拥戴他为皇帝。

尼禄现在比以往任何时候都感到害怕，不知道该怎么办才好。他逃离皇宫，在附近的某个花园里藏了起来。然而，找到这样的一个藏身之地只是出于盲目的、本能的恐惧，而不是出于任何合理的、能保证自身安全的希望。

事实上，尼禄现在因恐惧而变得六神无主。离开皇宫前，他得到了一些毒药，把它装在小金盒里，随身带到了花园里，但他没有勇气服下毒药。接下来，他想到了一个从罗马城逃离的计划。他说自己会立刻动身去奥斯提亚，在那里坐船驶往埃及，他认为到了那里，叛军对他就鞭长莫及了。他问官员和随从们，是否愿意陪他逃亡，但他们拒绝了他的提议。

接着，尼禄又提出了另一个计划：他会以哀求者的身份去见加尔巴，跪在征服者面前，请求饶命。或者去罗马广场，为那里的人们做一个谦卑的演讲，乞求他们原谅他的残忍和罪行，并庄严地承诺如果他们能原谅并保护他，今后他绝不再干出那些过分的事。旁观者告诉他，这样的做法根本不必考虑，因为如果他为此从藏身处走出去，还没等他到达讲坛，憎恨他的疯狂又激动的民众就会把他撕成碎片。总之，尼禄这个可怜的罪犯，心里充满懊悔和恐惧。面对这险象环生、危机四伏的现状，他那纷乱的头脑左思右想，徒劳地寻求逃离危险的方法。事实上，他根本没有任何希望，没有保护、没有避难所、没有逃跑的可能。就这样，一个又一个不切实际的计划在他的脑海中突然出现，又突然被否定。他心里七上八下，完全不知所措。最后，他的头脑一片空白，陷入绝望的深渊。

尽管各个行省的暴乱已成燎原之势，但罗马城里的军队，主要是皇帝的卫队依然忠诚可靠。现在，夜幕降临了，卫队的士兵像往常那样，在罗马城的各个地方、在皇宫门口、在他们各自的哨位上忠于职守。尼禄想躺下休息，却睡意全无。半夜，他起来走出寝宫，惊奇地发现门口竟然没有哨兵站岗。经过进一步的检查，他吃惊地发现皇宫的卫兵已经全部撤离。这一发现让他如遭雷击。他回到皇宫，叫醒一些仆人，然后一同前往住在皇宫附近的一些大臣的府邸寻求帮助。然而，家家都让他吃了闭门羹。这些大臣的府邸全都关门闭户，无论他们怎么敲门，里面都无人应声。因此，他只能悲伤又惊慌地回到他的住处。他发现，就在他离开的这短短的间隙内，有人竟然破门而入，进入皇宫偷走了所有值钱的东西，他装毒药的金盒子甚至也被拿走了。总之，这位统治半个世界的君主发现自己现在已经众叛亲离，完完全全、彻彻底底地暴露在危险中。他的卫队决定拥立加尔巴为皇帝，因此，他们半夜撤离，留下这个落难的暴君独自面对自己的命运。

尼禄拼命地呼喊自己的仆人，去找一个角斗士来，用剑刺穿他的身体，但没人愿去。他悲叹道："天哪！难道事情已经到了这一步？所有人都离我而去，甚至连一个愿意留下来杀我的敌人都没有了吗?"

过了一会儿,尼禄的心情稍稍平静了一点儿,他说出了自己的愿望。他说在想出万全之策之前,他想找个地方躲一段时间。他的一个叫法恩的家仆告诉他,有一座农庄就在罗马城外不远的地方,或许尼禄能躲在那儿。尼禄立刻决定前往那里。为安全起见,他换上了布衣麻鞋,用头巾遮住脸部,然后骑上马,在两三个仆人的陪同下出了城。一路上,电闪雷鸣,尼禄吓得心惊肉跳。他料想,暴风雨是那些他杀害的人的灵魂引起的,在他身陷绝境时前来折磨并捉弄他。

在路上,尼禄碰巧经过一个哨所,骑马走过时,他听到士兵们在咒骂他,并对他的落难表示欢呼。过了一会儿,他们又遇到了一个行人,当他看到尼禄和随从们骑马过去时,就对自己的同伴说:"这些人无疑是去抓捕皇帝的。"他们在路上还遇到了一个人,挡住他们的去路,跟他们打听皇帝的消息。这些小事虽然毫无疑问地会让尼禄惶惑不安,却并没有什么危险。但后来发生的一件事让这个逃亡者吓破了胆。他正经过一个地方，路边摆着一具尸体，周围站着一些士兵。尼禄的坐骑看到尸体，受到了惊吓，突然跃起，将尼禄遮脸的头巾震落。一名士兵看到了他的真容，高呼道："那是皇帝！"尼禄慌忙赶路，一逃出人们的视线，便翻身下马，并招呼自己的仆人们也下马跟着他。他跑进附近一片树林，那里全是灌木丛和野蔷薇，然后迂回着绕到了法恩的房子后面。他们停下来，藏起来，接着想办法翻过院墙。

他们附近有一个坑，是挖了沙子后留下的。法恩建议尼禄躲进坑里，直到法恩在院墙打开缺口。但尼禄拒绝这样做，说自己不想被活埋。因此，当法恩到院墙根上挖洞时，尼禄依然躲在灌木丛里。

院墙不是很坚固，否则法恩也不可能打算用手头的工具在墙根上挖开一个通道。尽管困难重重，但他还是成功地撬动了一些石头，慢慢地打开了一个缺口。

当法恩挖洞时，尼禄忙着把扎在衣服上和肉里的蔷薇刺拔出来。他渴了，就去附近的一条水

法恩挖洞，尼禄去喝水

渠边，用手捧起水来喝。他一边喝，一边叹息道："难道我的命运真的已经到了如此地步？"

与此同时，法恩继续挖洞，很快便成功地打开了一个足以供他们进出的洞口。然后，仆人们七手八脚，连推带拉，把尼禄从洞里拽进了院子。他们把他带进房子，藏在一个又小又隐蔽的房间里。

在逃亡的路上，尼禄极度恐惧，现在终于可以松口气了。然而，眼前的恐惧是消退了，取而代之的是更可怕的悔恨与惊惧带来的折磨。他叫苦不迭，悲叹呻吟，不断重复着这样的话语："我的父亲、母亲、妻子判定了我的毁灭。"事实上，这句话来自他在舞台上常常表演的悲剧之一，但它如此真实地反映了他心中的悔恨与痛苦，以致他不断机械地喃喃自语。法恩和其他带尼禄来到此地的仆人看到没法让他平静下来，他也没有逃脱死亡的希望，并且或许还希望能摆脱他，因为他现在已经成了他们沉重的负担，就建议尼禄自杀。正如他们说的那样，既然他必须死，那就死得像个男人。他说，他会如他们所愿。他们应该出去给他挖个坟墓,并准备柴火和热水,让他沐浴。吩咐完这些事情,他还是不断呻吟、叹息,似乎已经处于精神错乱的状态。

与此同时,天色渐亮。罗马城里,人们情绪激动,骚乱不断。元老院集会,宣布加尔巴为皇帝,并通过了一项法令,宣布尼禄为"国家公敌",并判处他以古代的方式接受惩罚。这条消息一传出来,法恩的一个朋友便给他写了封信,把元老院的决定告诉了他,并派一名可靠的信使风驰电掣地前去送信。信使到了法恩的家,把信交给他。尼禄从法恩手中夺过信,一目十行地读完,焦急又惊恐地问道:"什么是古代的方式?"他们告诉他,就是将犯人扒光衣服,然后固定在颈手枷上,保持那个姿势,被鞭打而死。听到这话,尼禄又开始呻吟、悲叹。他说,他无法忍受这样的死刑,因此,如果他们给他一把匕首,他会立刻自杀。

尼禄手边有几把匕首,他拿起其中一把,用颤抖的手指检验刀刃是否锋利,似乎举棋不定。后来,他又把匕首放下,说自己的大限还没有到。现在，他又拿起一把匕首，再次尝试下定决心给自己一刀，但又一次失去了勇气。他心烦意乱地呻吟着，满嘴胡言乱语。后来，尼禄甚至哀求和他一起逃出来的一个仆人，先用匕首自杀，以便鼓励尼禄，并让他明白死亡并不是一件多么可怕的事。然而，似乎没有一个仆人对主人有如此无私的献身精神，愿意为他提供这样的服务。

正当他茫然不知所措、迟迟不愿自杀时，他听到门外人喊马嘶。尼禄再次大惊失色。他说道："他们来抓我了。"他迅速抓起一把匕首，刺向自己的喉咙。他拼命地试图鼓足勇气，一刀致命，但做不到。门口的叫喊声一阵紧似一阵，尼禄赶紧把匕首递给身边的一个仆人，求他杀了自己。那个仆人极不情愿地接过匕首，给了他致命一击。尼禄倒在地上，伤势严重。

就在此时，门打开了，刚刚到来的士兵们冲了进来。他们奉元老院之命，前来搜查逃亡的尼禄，并把他带回罗马城。率领这些士兵的百夫长走进房间，看着倒在地上的皇帝在血泊中挣扎。

他接到命令，如果可能，要把尼禄活着带回罗马城。因此，他命令士兵们蹲在奄奄一息的皇帝身边，试图给他的伤口止血，并救活他。然而，为时已晚。当他们靠近他时，尼禄用一种疯狂又可怕的表情瞪着他们，这让所有看到他的人都大吃一惊。在这可怕的痛苦中，他慢慢停止了挣扎，最终断了气。

暴君死亡的消息疾如旋风，很快传遍了大街小巷。一位信使立刻出发，去北边向加尔巴报告。人们从四面八方聚到法恩的房子里来，凝视着那具尸体，为这个魔头的死亡感到欢欣鼓舞。市民们欢天喜地，拍手称快。他们头戴被解放的奴隶们刚刚获得自由时戴的那种帽子，在城里四处游荡，毁掉所有尼禄的塑像，用尽一切可能的方式表达他们翻身得解放的喜悦心情。

与此同时，加尔巴正率领大军向罗马城挺进，选择了适当的时机进入罗马城。罗马帝国各地的使者纷纷前来拜见他，并拥戴他为新皇帝。此时，他正好七十三岁。看来，神谕对尼禄的警告，让他小心七十三，是指他的对手和敌人的年龄，而不是他自己的年龄。

（根据哈珀兄弟出版公司出版的英语版译出）